PROSPERIDADE

Muda aquela pessoa que você vê no espelho
e mudará tudo.

SIMONE FÁTIMA FELDMANN LANZINI

Simone Fátima Feldmannn Lanzini

2

PROSPERIDADE

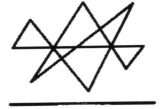

PROSPERIDADE

Simone Fátima Feldmann Lanzini
FORÇA POSITIVA DO UNIVERSO

SUMÁRIO

Prefácio

ix

Agradecimentos

xiii

Alimento

1

Sobriedade

20

Autoestima

30

Resiliência

40

Amor

50

Sono

60

Exercício Físico

70

Mudança

80

8

Gratidão
90
Paciência
100
Referência Bibliográfica
163

Prefácio

Há um ano, minha vida desabou. Fatos desagradáveis com os quais me deparei foram uma experiência dolorosa. As injustiças cometidas se sucediam e, à medida que eu tentava me explicar e demonstrar minha bondade e honestidade, as arbitrariedades aumentavam. Sem mais defesa, definhei e cheguei "ao fundo do poço". Quando encontrava forças para me reerguer, mais terra era jogada em cima de mim.

Tirar minha vida? Decididamente, não, pois tinha suficiente discernimento para saber que esse ato apenas adiaria e aumentaria meu martírio. Então, decidi buscar auxílio na escrita e no meu Ser Superior. Mal sabia que, de tamanho sofrimento, nasceria a motivação de escrever e contar a você esta história. Colocá-la no papel foi um bálsamo para mim. Com toda a terra jogada, eu construí uma escada e subi, explanando a você, leitor (a), tudo o que é possível fazer para deixar sua vida fluir em direção às maravilhas que estão à nossa espera.

Assim, amparada em alguns notáveis pensadores, neste livro, abordo temas que considero pertinentes, pois, contribuem para uma melhor qualidade de vida.

11

ALIMENTO

HIPÓCRATES

Hipócrates, conhecido como o "Pai da Medicina", é uma das figuras mais importantes da história da Medicina.

Nascimento: 460 a. C.,Cós Grécia

Falecimento: 371 a. C. Larissa Grécia

"Que seu remédio seja seu alimento, e que seu alimento seja seu remédio".

Hipócrates

Comida é qualquer matéria digerível que serve para alimentar ou nutrir e abastecer as substâncias fundamentais à conservação da vida. Os alimentos são constituídos de proteínas, hidratos de carbono, gorduras, vitaminas, minerais e água. Por serem geradores de energia, desempenham as funções do crescimento, movimento e reprodução, além de atuarem como "distribuidores" em nosso organismo.

Quando nosso cérebro emite uma destas substâncias do quarteto da felicidade: endorfina, serotonina, dopamina e oxitocina, que são as substâncias químicas naturais do nosso corpo, sentimo-nos felizes. Existem alimentos que podemos ingerir para auxiliar esse sentimento do bem-estar porque neles têm componentes que desencadeiam a sensação que, sem exceção, todo ser humano faz muita coisa para ter, às vezes não as certas.

Mas, voltando a importância dos alimentos com nosso prazer de viver, eles influenciam diretamente a nossa vida. Para os neurotransmissores acima citados serem liberados com maior facilidade precisamos ingerir:

Endorfina = analgésico natural.

Chocolate com 70% de teor de cacau, pimenta, espinafre, aveia, grão de bico, laranja, mel, aveia, semente de abóbora...

Serotonina = sentimento de importância.

"A depressão se situa como a principal causa de invalidez em todo o mundo" (Organização Mundial da Saúde - OMS).

Aveia, chocolate 70% de cacau, banana, alface, queijo, frutas secas, espinafre, feijão, salmão, nozes, ovos, abacaxi, abacate, amendoim, soja e derivados...

Dopamina = mediadora do prazer.

Chocolate 70% de cacau, maçã, amêndoas, beterraba, café, grão de bico, ovos, salmão, aveia...

Oxitocina = hormônio do abraço.

Nozes, castanhas, amêndoas, peixes e frutos do mar, amamentação...

Esses são alguns alimentos que ativam os neurotransmissores da felicidade, fazendo com que sua vida tenha menos estresse, depressão e ansiedade.

"A alimentação não consiste tão somente em ingerir os alimentos. A boa alimentação deve estar em harmonia com um princípio básico: Nada em excesso".

Emídio Silva Falcão Brasileiro

Eis a "pílula mágica" do bem-estar:

Faça uma horta caseira, forre-a com tela de sombreamento e molhe--a diariamente. A tela corta o sol e é muito importante para fechar completamente o espaço da plantação. Assim, você não precisa pôr nenhum tipo de veneno. Sabemos que o cultivo do alimento para o nosso consumo só é possível produzi-lo com sucesso mediante o uso de pesticidas; caso contrário, estará exposto a pragas, como pulgões, lagartas, moscas, cochonilhas e vaquinhas. Então, para ter o quintal livre de agrotóxicos, é preciso capricho, não espaço. Se não dispuser de sombrite (tela de sombreamento), para evitar as "pragas" use sabão neutro, detergente de louça, extrato de alho, extrato de pimenta, fumo e remova, manualmente, as folhas contaminadas e bichos.

Ao cultivar esses alimentos no quintal ou no interior da casa, além de favorecer a saúde, você tem a oportunidade de ensinar a seus filhos os processos de irrigação e adubação, como também lhes proporcionar diversão, aliada à responsabilidade. O fato é que as crianças são curiosas, e o seu prazer em acompanhar o crescimento de uma planta será único. Acrescente a isso, a economia com o supermercado e a decoração do ambiente.

Se não houver espaços disponíveis fora da casa, escolha um lugar no interior dela ou na sacada, sendo necessária, por algumas horas, a presença da luz solar. Nesse caso, as plantas devem ser cultivadas em vasos, floreiras, embalagens recicláveis, caixas de madeira. Cabe lembrar que quaisquer desses utensílios precisam conter furos para permitir a saída do excesso de água. A horta pode ser horizontal ou vertical; no segundo caso eles podem ser pregados em uma parede.

Linda decoração!

Vida feliz!

Vida saudável!

Sem agrotóxicos!

Entre as plantas possíveis de serem cultivadas, encontram-se a camomila, hortelã, salsinha, cebolinha, pepino, abobrinha, morango, abóbora, cereja, tomatinho, repolho, couve, brócolis, alface, manjericão, alecrim, etc. Para isso, vá a uma agropecuária ou floricultura e compre as sementes ou mudas. Não esqueça que o plantio de cada uma deve ser realizado na época propícia, orientação que os vendedores lhe darão.

Para uma boa saúde, na refeição principal, é importante a presença de cinco diferentes cores no cardápio. De fato, cada uma contém determinados benefícios, a saber:

Amarela e **laranja:** auxiliam na saúde da pele, visão e sexualidade; fortalecem o sistema imunológico e o coração; combatem o câncer.

Verde: ajuda a conservar a saúde da pele, ossos e visão; assessora o coração; auxilia na digestão; controla o sistema nervoso e fortalece o imunológico; reduz o colesterol e diminui a chance de o câncer se desenvolver.

Branca: combate alergias; fortalece o sistema imunológico e a circulação e é anti-inflamatório.

Vermelha: assessora o coração, combate o câncer da próstata, bem como os de mama, estômago, pele, gengiva; fortalece o sistema imunológico; diminui o colágeno e o colesterol.

Roxa: ampara o coração; auxilia na conservação da memória; favorece o sistema digestivo e diminui as chances do câncer.

Ao lado da horta, é possível fazer uma composteira, atitude que, há algum tempo, adotei. Mas como proceder? Para responder à questão, relato como construí as minhas.

No quintal, mandei fazer um buraco de dois metros de altura e um metro quadrado de área sobre o qual coloquei uma tampa (um quadrado de madeira), cuja função é bloquear a luz e manter a umidade. No local, deposito diariamente o lixo orgânico e cubro-o com um pouco de terra. Também adicionei minhocas, pois, para se locomoverem, perfuram a terra e, enquanto caminham, vão descompactando-a e tornando-a mais aventada. Além disso, alimentam-se de restos orgânicos e com isso, defecam húmus, muito rico em nutrientes.

Já no apartamento, para colocar o lixo orgânico, utilizo um balde de vinte quilos. Como no quintal, sobre ele (o lixo), deposito um pouco de terra, onde também há dez minhocas. O balde contém furos de quatro milímetros, cuja distância entre eles é de dois centímetros, tamanho essencial para a saída do excesso de líquido e evitar a fuga das minhocas. A vermicompostagem devolve à terra cinco vezes mais nitrogênio; duas, de cálcio; duas e meia, de magnésio; sete, de fósforo e onze, de potássio. Essas folhas, restos de comida, papéis se transformam em terra ideal para ser usada como adubo, também conhecido como húmus, na própria horta e jardins.

Enfim, composteira nada mais é que um buraco com tampa, utilizado para verter resíduos orgânicos e, assim, reciclar visando ao uso de ingredientes benfeitores à nossa plantação, seja ela para nos alimentar saudavelmente, como é o caso da horta, ou favorecer o crescimento e a beleza das plantas, flores, folhagens, que contribuem para o fortalecimento de nossa saúde mental. Quem não gosta de ver uma floreira bem cuidada, folhagens no ambiente?

Para conservar uma vida saudável, devemos acrescentar o líquido intimamente ligado à nossa qualidade de vida: a água. Esta melhora nosso humor; alivia as dores de cabeça e costas, deixa a pele mais bonita e jovem; auxilia no funcionamento do intestino; fortalece a saúde mental; previne o câncer; reduz cãibras, celulites; desfaz rugas;

emagrece; ajuda na prisão de ventre e favorece o sistema imunológico. Em vista disso, a Organização Mundial da Saúde recomenda o consumo diário de, no mínimo, dois litros de água e, de cada duas a três horas, tomar de um a dois copos mesmo sem sentir sede, pois quando isso ocorre, o corpo já está desidratado. Água no nosso corpo funciona como um filtro que elimina, por meio da urina, as toxinas presentes no organismo, causadas pela poluição.

Particularmente, durante o dia, tomo de dois a três litros de água. Costumo ingerir um copo vinte minutos antes e duas horas depois do almoço por contribuir significativamente para o bom funcionamento do meu intestino. Absorvo ainda um copo antes de dormir, equilibrando, assim, meus hormônios, níveis de energia, músculos, articulações. Ademais, auxilia o corpo no armazenamento dos nutrientes e minerais necessários à minha saúde.

Esse costume também me acompanha ao acordar pela manhã: bebo um cálice de água em jejum, hábito que me deixa hidratada. Durmo de seis a oito horas diárias, e o corpo continua trabalhando sem nenhuma ingestão de líquido, não importa quanta água tomei no dia anterior. Ao ingeri-la, sinto-me bem-humorada, pois ela regula as funções do cérebro; sou magra apesar de comer muito; entendo que isso também se deve a essa prática, pois as proteínas e carboidratos que consumo são metabolizados e transportados pela água ao meu organismo.

Os dois principais benefícios de beber água em jejum é a aceleração em 25% do metabolismo e a eliminação de toxinas. Quer mais motivos para ingeri-la assim que acorda? Siga meu exemplo que está logo acima.

Sendo saudável, será mais feliz! O que mais você quer da vida que a felicidade?

Água é sinônimo de vida feliz!!!

Além de a água ser essencial à nossa vida física, ela também nos presenteia com uma grande lição: ensina-nos a viver com ACEITAÇÃO. Vale lembrar que o mar recebe todo tipo de rio: grande, pequeno, sujo, limpo, bonito, feio, indicando que não devemos ter preconceitos. A FLEXIBILIDADE pode ser aplicada em qualquer situação; ela se adapta à forma, mostra-nos que também devemos nos adequar às mudanças do mundo moderno, ao ambiente, à maneira de ser das pessoas que nos cercam. E a última e não menos importante é a RESPONSABILIDADE. Se, por um lado, a água é vida; por outro, ela pode representar um perigo se não tivermos responsabilidade. Por exemplo, quando veraneamos, devemos ter cuidado ao entrarmos em mares, rios, lagoas; caso contrário, corremos o risco de afogamento, ou de um ente querido. Disso se entende que as responsabilidades de tudo o que nos acontece é nossa, porque as circunstâncias como as águas são neutras, nós é que a modificamos devido às nossas atitudes boas ou ruins.

Nutrição saudável é para todos!

Conta a lenda que, numa longínqua terra, o mestre Henrique

estava explicando aos seus discípulos a importância de o nosso organismo ingerir alimentos saudáveis e que cada um deles possui nutrientes que contribuem para o bom andamento do corpo humano. Um menininho, que por aí passava, perguntou ao mestre:

- Mestre! Moro numa aldeia onde as pessoas plantam muitos alimentos, trabalham demais e, como escravas de seus patrões, não têm tempo para estudar, saber o que é melhor para a saúde. O mestre deu uma simples dica que faria toda a diferença naquela comunidade.

- Menino, qual o seu nome?

- João.

- Pois bem, João, leve essa informação à sua aldeia e terão mais qualidade de vida; temos três refeições diárias; de manhã, coma como um rei; ao meio-dia; como um príncipe e, à noite; como um mendigo. Lembre--se de que não importa o valor financeiro dos alimentos, o que conta são as cinco cores no prato, principalmente no almoço, que podem ser cultivadas na própria aldeia, reaproveitando o que os donos jogam fora.

A leitura desse texto nos mostra que muitas receitas incríveis são feitas de restos, como talos, cascas, caroços, etc.

SOBRIEDADE

ARISTÓTELES

Aristóteles foi um filósofo grego que viveu durante o período clássico na Grécia Antiga. Fundou a Escola Peripatética e do Liceu, além de ter sido aluno de Platão e professor de Alexandre, o Grande.

Nascimento: 384 a.C., Estagira, Grécia

Falecimento: 322 a.C., Cálcis, Grécia

"O homem livre é senhor da sua vontade e
escravo somente da sua consciência".
Aristóteles

Sobriedade é a característica de quem está em equilíbrio; no autocontrole pela serenidade. É sóbrio o indivíduo que não se encontra sob o efeito de drogas, ou qualquer produto alucinógeno que leve à dependência, ou qualquer substância tóxica (fumo, álcool etc.) usada excessivamente. Sobriedade implica estar livre dos efeitos do álcool, maconha, cocaína, crack...

A sobriedade tem tudo a ver com a felicidade. Lastimo quando imagino os milhões de pessoas que não se concederam, ou concedem, ou concederão a oportunidade de vislumbrar a vida magnífica livre das drogas. Neste momento, é relevante destacar que o álcool, embora seja considerado lícito, também é um entorpecente, pois, se ingerido em excesso, leva o consumidor a praticar atitudes e ter comportamentos que, sóbrio, não teria.

Se a pessoa que usa álcool e outras drogas se desse a chance de viver "limpo" para sentir o despertar psicológico, que leva algum tempo para acontecer, motivo pelo qual ela (pessoa viciada) não quer ou não consegue esperar, por um lado choraria de alegria por "sentir na pele" que existe essa vida MARAVILHOSA. Por outro, de tristeza por saber que perdeu tanto tempo "usado".

A vida é um verdadeiro paraíso para quem consegue vivê-la sobriamente. Quem consegue essa dádiva é privilegiado (a) e terá motivos de sobra para curtir a si, a família e amigos.

Como é bom viver assim!!!

Tenho ouvido pessoas afirmarem que "vou beber porque estou cheio de problemas". Eu lhe digo: - Não se libertará deles; ao contrário, acrescentará mais um: a sua embriaguez. Você já viu alguém "usado" resolver com precisão as questões difíceis? Eu não.

A vida é resolver problemas; a diferença é como os solucionamos. Posso garantir que a melhor maneira de encará-los é estando sóbrio. Pense, reflita: que benefícios o álcool lhe trouxe até hoje? Cite um.

Para mim, o álcool é a pior droga, pois, além de ser permitido; portanto, ao alcance de qualquer pessoa acima de dezoito anos, estimula a adesão a outras substâncias proibidas. No início, ele "se apresenta" e comporta como um grande amigo, que o encoraja e lhe passa segurança, mas, paulatinamente, apodera-se da sua fala, audição, visão, tato e paladar; enfim, de todo seu ser, transformando-o em um fantoche. Ao participar de encontros de AA (Alcoólicos Anônimos) e NA (Narcóticos Anônimos), tenho ouvido que o circo é sempre igual; muda somente o palhaço. Quem tem um alcoólatra em casa sabe do que estou falando. Os personagens mudam, mas os efeitos dessa droga são os mesmos e atingem a todos.

36

Quando essa substância maligna se apodera do indivíduo, ela o afasta das pessoas que lhe são caras. Seus entes queridos, embora o amem, distanciam-se dele por se sentirem psicologicamente atingidos. Em efeito, além do dependente, aproximadamente, outras quinze pessoas com as quais ele convive adoecem. Assim, é importante saber que existem grupos que auxiliam, tanto os viciados como seus familiares - denominados codependentes - na recuperação.

A vida é um show imperdível; viva-a com sobriedade para aproveitar suas maravilhas.

Pense: caso queira se livrar do vício e viver sem depender do álcool e outras drogas, participe das reuniões dos Alcóolicos Anônimos

(AA), Narcóticos Anônimos (NA). Leia sobre o assunto ou se interne; há clínicas que desenvolvem um programa de vinte e oito dias. Mude seu estilo de vida e maravilhas acontecerão com você. Aguarde!!! Aguarde!!! Aguarde!!!.

"Em todos os grandes vencedores e nos que amam o poder encontra-se a seriedade que se explica por uma sobriedade de desejos. A aspiração mata o desejo. E a aspiração é um dos pontos cardeais do poder".

Maria Agustina Ferreira Teixeira Bessa Amarante

Lenda da Sobriedade

Houve um tempo muito difícil para Zeus, o deus dos deuses, porque ele teria que tomar uma grande decisão: como auxiliar a humanidade, em especial seu filho, nascido em uma boa família, inteligente, trabalhador, bonito exteriormente, mas portador de uma doença lenta, progressiva e fatal que o levava a destruir a própria vida e a dos entes queridos. O filho era o próprio diabo encarnado, queimava-se e a todos com quem convivia, tornando a sua vida e a dos demais um verdadeiro inferno. O que fazer? - Questionava-se o deus. A patologia estava se transformando em uma verdadeira epidemia disfarçada de amiga, mas, na verdade, era a imperfeição; o defeito; a deficiência; o podre; o erro; a destruidora de famílias, sonhos e amores; enfim, da própria vida. Embora o enfermo se sentisse escravizado, abusado, não conseguia se libertar. De fato, os adeptos destas drogas (álcool, maconha, cocaína, crack...) se tornam mentirosos, dissimulados, traiçoeiros e o mais chocante de tudo de ruim que estas fazem, depois dessa série de destruição, deixa-os como palhaços, sozinhos na sarjeta, já sem as riquezas afetivas, espirituais, físicas e financeiras.

Como poderia o deus dos deuses auxiliar esse filho e todos os portadores desse mal? Quando essa doença somente poderia ser curada pela vontade do próprio indivíduo?

Então, Zeus convocou uma assembleia dos deuses menores para juntos decidirem como deveriam socorrer o descendente sem que ele se sentisse ultrajado. Pensaram em fazer algo extraordinário, realizar uma ação que fosse do tamanho do problema. Cogitaram fazer algo no espaço, na Terra, no mar, mas chegaram à conclusão de que tais atitudes não resolveriam a situação. Diante disso, o deus dos deuses retrucou:

- Vamos instigá-lo a entender a receita que o Ser Superior deixou para que os homens fossem plenamente felizes: a Bíblia.

E assim fizeram. Levaram o viciado a se interessar pela leitura da carta, escrita para o bem dos homens. Com isso, esperavam que ele se modificasse interiormente, o que dependia apenas dele.

Então, de bêbado, viciado e sem valor, transformou-se, por intermédio da leitura da Bíblia, em um homem sóbrio, honrado, confiante e excelente pai, marido, irmão, filho, empresário. Assim, tornou-se uma pessoa com a qual todos desejavam conviver.

As respostas para qualquer pergunta se encontram no interior de cada pessoa; para isso, necessita da sobriedade. Esteja sóbrio e terá facilidade em encontrá-las.

Sempre que estiver em dificuldades, faça a Oração da Serenidade, uma prece muito poderosa. Ela auxilia na resolução dos problemas enfrentados no dia a dia; ajuda mútua de que se utilizam os participantes do Programa de doze passos de Alcoólicos Anônimos.

Oração da Serenidade

Concedei-me, Senhor, a serenidade necessária

Para aceitar as coisas que não posso modificar.

Coragem para modificar aquelas que posso

Sabedoria para conhecer a diferença entre elas.

Vivendo um dia de cada vez

Desfrutando um momento de cada vez

Aceitando que as dificuldades constituem o caminho à paz

Este mundo tal como é, e não como eu queria que fosse

Confiando que Ele acertará tudo

Contanto que eu me entregue à Sua vontade

Para que eu seja razoavelmente feliz nesta vida

E supremamente Feliz com Ele eternamente na próxima.

Reinhold Niebuhr

43

Particularmente, recito, sempre que me encontro em dificuldade esta prece:

"Deus concedei- me a serenidade necessária

~~Particularmente, recito, sempre que me encontro em dificuldades, esta prece:~~

~~"Deus concedei-me a serenidade necessária~~

Para aceitar as coisas que não posso modificar.

Coragem para modificar aquelas que posso

E sabedoria para conhecer a diferença entre elas".

Amigos queridos!!!

Isso é fantástico!!! Porque me sinto imediatamente melhor. Prometo que maravilhas acontecerão em sua vida. Tente e verá.

No grupo de que meu marido e eu participamos, no início, oramos abraçados; na volta do intervalo, sentados e, no final da reunião, novamente abraçados.

Nós recitamos essa oração também nos momentos em que nos sentimos fragilizados diante das intempéries da vida. Afirmo que ela nos dá clareza e passa uma sensação de bem-estar.

AUTOESTIMA

CONFÚCIO

Confúcio foi um pensador e filósofo chinês que viveu no Período das Primaveras e Outonos. Sua filosofia sublinhava uma moralidade pessoal e governamental, os procedimentos corretos nas relações sociais, a justiça e a sinceridade.

Nascimento: 551 a.C., Lu
Falecimento: 479 a.C., Lu

"Eu não deixei de gostar de você ... Só cansei de me magoar. Vou aprender a me afastar de tudo que me faz mal".

Confúcio

Autoestima é o amor próprio; sinônimo de se sentir orgulhoso; de pedir perdão por seus erros; de ser gentil consigo mesmo (a); de usufruir as vinte e quatro horas diárias com sabedoria; enfim, de se entregar com confiança e aceitar a vida como esta se apresenta. É a característica de uma pessoa que está feliz com a sua identidade e se valoriza. A autoestima é muito mais do que gostar de si mesmo (a). É manter elementos básicos predeterminados para, independentemente da situação que está vivenciando, continuar se amando. Assim como o nosso físico precisa de medicamentos para combater o vírus, bactérias e tudo o que nos prejudica, o psicológico necessita de mecanismos que nos fortalecem e protegem das intempéries da vida.

Autoafirmações positivas personalizadas. Crie frases afirmativas que condizem com o que deseja ao invés das generalizadas.

Exemplo: Eu sou capaz e hoje desejo realizar todas as atividades com sabedoria, fazer a vontade do meu Ser Superior e ser apenas seu intermediário. Por isso, não preciso ser ensoberbo ou arrogante; sentir-me melhor que outrem por ter alcançado algo que considero de suma importância, como ganhar uma promoção, emprego de chefia, ter me sobressaído positivamente numa reunião, etc. "Não sou mais nem menos que ninguém".

Preciso ter convicção firme e realista. Exemplo: Eu conseguirei porque no passado estudei para isso.

Tenho percebido que as pessoas que mais esperam aprovações, geralmente não as conseguem. Por outro lado, aquelas que simplesmente visam alcançar suas metas com confiança e segurança, conquistam o respeito e a consideração de muitos.

A pessoa com amor próprio tem mais probabilidade de ter alegrias, pois entende que a felicidade não é um objetivo; mas a trajetória do que se faz com aquilo que se tem até chegar ao propósito e, com este, à continuação de outros projetos.

"Ignore, supere, esqueça. Mas jamais pense em desistir de você por causa de alguém".
Clarice Lispector

Fico muito triste cada vez que recebo a notícia de um suicídio, e 99% é por causa de alguém. Descobrir que a esposa tem outro, ou esta que aquele tem outra; perder o emprego, julgar-se injustiçado (a), brigar com pai, mãe, filho, vizinho são experiências vivenciadas que levam pessoas a tirarem a própria vida.

Que pena!

A vida é o presente mais precioso que alguém pode receber e não há dinheiro que a compre. Então!!!

Por que tanta depressão?

O que está faltando para enxergar as maravilhas da existência?

A grande vilã é a baixa autoestima.

O que podemos fazer para alcançá-la?

Primeiro, eu;

Segundo, eu;

Terceiro, eu.

"A pior solidão é não estar confortável consigo mesmo".
Mark Twain

Você pode pensar: isso é egoísmo, e eu lhe digo que não. Vou lhe explicar o porquê: não posso dar o que não tenho, preciso me amar para dar amor, necessito me respeitar para dar respeito, devo sentir felicidade para dar alegrias e assim com todas as qualidades benéficas da vida. Tem um Mandamento na Igreja Católica que diz "amar a Deus sobre todas as coisas". Deus está dentro de mim e meu corpo é a dádiva que Ele me deu para a morada de meu espírito nesta viagem pela Terra; depois meu organismo volta para terra e minha alma continua sua viagem de aprimoramentos.

Acredito também que quem tira a própria vida quer muito viver. Paradoxal, não é mesmo? Pelas minhas pesquisas e vivências, percebo que os suicidas desejam apenas matar a dor; eles têm fome de vida. Por isso, cuidado com o tratamento que dispensa ao seu semelhante. Escuta mais e não apenas ouça. Escutar e ouvir não são sinônimos. Eu ouço com o ouvido e escuto com o cérebro. O que muito se vê por aí são pessoas que ouvem porque não são surdas. Exemplos de alguém que somente ouve: Você está num restaurante e pede uma água com gás; o garçom lhe traz uma sem gás. Ou aquele conhecido a quem você está contando algo, e ele...ahahah. No final, você pergunta:

- O que você acha?

E a pessoa dá uma resposta genérica. Como isso é triste!

No mundo moderno, isso acontece com frequência; as pessoas não têm mais tempo para quem está ao seu lado, mas aos que se encontram distante. Senão, vejamos: em um restaurante, quatro indivíduos estão sentados à mesa, e cada um se comunica, por meio do seu smartphone, com alguém que não está presente no grupo e não entre eles.

No meu livro, "UM SEGREDO PARA VOCE", contei o autocídio do meu colega de trabalho. Nosso último encontro aconteceu em um almoço. Lembro que ele falou muito, mas, em função dos inúmeros compromissos que eu tinha como diretora da escola, não lhe dei a devida atenção. No dia seguinte, procurou a minha superiora e relatou seus problemas. Ela, como eu, não teve muito tempo para ouvi-lo, pois tinha muitos afazeres que seu cargo demandava. Talvez, além de nós duas, pedira ajuda a outros. O fato é que a vida agitada que levávamos não nos deixou escutar; somente ouvir.

Após essas duas tentativas, o meu colega cometeu suicídio. Fiquei com remorso, teria agido diferente se eu soubesse que ele estava com depressão. Por que não o escutei, concedi-lhe um minuto a mais? Talvez, algumas palavras que eu lhe proferisse o levassem a desistir da morte.

Há alguns dias, estacionei a camionete em frente ao banco para pagar umas contas no caixa eletrônico e, em seguida, rapidamente, dirigi--me ao mercado para comprar água ao meu filho que havia ficado no carro. Lá encontrei minha prima, que me cumprimentou com indiferença. Nesse momento, lembrei-me de que ela sempre fora carinhosa comigo. A sua atitude me levou a pensar que, talvez, estivesse acreditando nas inverdades que falavam de mim. O bom-dia "seco" que recebi fez com que eu devolvesse timidamente o cumprimento. No dia seguinte, recebi a notícia de que ela havia tomado salitro e morrera. Mais uma vez, o arrependimento se apoderou de mim ao pensar que, embora a fria saudação que recebi, eu deveria ter me aproximado dela e perguntado se tudo estava bem em vez de concluir ser a causa da sua displicência.

Quando uma pessoa nos recebe ou trata com indiferença, há grandes chances de ela estar enfrentando algum problema e, consequentemente, sentir-se triste. Somente posso dar o que tenho. Após viver mais essa experiência, tenho me esforçado para melhorar cada vez mais como ser humano e escutar o outro. Além do mais, recebe-se mais do que se doa. A vivência se torna mais gratificante e feliz, a autoestima melhora e quem tem uma boa imagem de si dá o que tem.

Sendo assim, conceda um minuto a mais às pessoas e principalmente não vá dormir magoado (a); peça e dê seu perdão. Não importa quem estiver errado, pois isso depende do ponto de vista de cada um. O importante é a sensação de paz que conquistamos ao perdoar ou reconhecer nossa falha. Lembre-se sempre de que os pais e professores são a lente de aumento dos filhos e alunos; então, cuidado com as palavras que vai empregar. Gestos também falam. Outro lembrete; não adianta nada falar, falar, falar... e fazer diferente. O exemplo vale mais que mil palavras. Temos que primeiro elogiar para depois cobrar. Exemplo: Você é um menino muito inteligente e querido;

precisa agir com mais cautela com o seu colega cadeirante, tenho certeza de que vocês podem se tornar grandes amigos.

Sobre minha prima, fiquei sabendo que sua filha saíra de casa, fato que ela não aceitava.

Cuide bem de você; o maior presente que existe é a vida. Como você reage quando ganha um presente?

Pois é, faça o mesmo com o seu grandioso presente chamado vida.

"Você, o seu ser, tanto quanto qualquer pessoa em todo o universo, merece o seu amor e sua afeição".

**Buda
Gautama**

Lenda da Autoestima

Ao iniciar uma palestra sobre autoestima, uma sábia mulher tirou um anel de diamantes do seu dedo e perguntou ao público:

— Quem quer esta joia de oitocentos dólares? Mãos começaram a subir. Ela disse: — Eu darei este brilhante a um de vocês, mas, primeiro, deixem-me fazer isto!

Então, ela mergulhou o adereço num recipiente com fezes humanas. E perguntou, outra vez:

– Quem ainda quer esta joia?

As mãos continuaram erguidas.

– Bom – ela disse - e se eu fizer isto?

E ela jogou o enfeite no chão e começou a chutá-lo, pular em cima, esfregar na parede salpicada. Depois pegou o adorno sujo, riscado e novamente questionou:

– E agora? Quem ainda quer esta joia?

Todas as mãos permaneceram levantadas.

– Meus queridos anjos, vocês todos devem aprender esta lição: não importa o que eu faça com o anel, vocês continuarão desejando-o. Ele

continua   valendo   oitocentos   dólares.
Isso foi uma pequena demonstração do quanto vale nossa vida,
independente se formos injustiçados, chutados, insultados... e ficamos
imundos de pensamentos negativos, tristezas pelas situações difíceis
que tivemos que enfrentar, sentindo-nos inúteis. Lembrem: não importa
o que aconteceu ou acontecerá; valorizemos sempre nossa vida. Isso
não depende do que vestimos ou sabemos; mas do que SOMOS!

Somos filhos de Deus, cada um compreenda como lhe convém.
Portanto!!!   Filho   de   peixe,   peixinho   é.
VOCÊ é especial. Muito especial. Jamais se esqueça disso! Nunca tire
sua vida pensando que irá tirar a dor, pois matará somente a matéria, o
espiritual continuará e agora na morte, pior.

Acompanhei ontem o depoimento do Nicholas James Vujicic, homem sem braços e pernas. Ele se considera "sortudo" pelo que têm; pensamento que também deveríamos adotar, ou seja, valorizar o que possuímos. Convencendo-nos disso, perceberemos o quanto estamos perto de conseguir o que nos falta, pois quando enxergarmos o que temos, veremos que é muito perto do achamos que nos falta.

RESILIÊNCIA

CHARLES LOUIS

Charles-Louis de Secondat, barão de La Brède e de Montesquieu, conhecido como Montesquieu, foi um político, filósofo e escritor francês. Ficou famoso pela sua teoria da separação dos poderes, atualmente consagrada em muitas das modernas constituições internacionais.

Nascimento: 1689, Brède, França
Falecimento: 1755, Paris, França

"O que não for bom para a colmeia também não é bom para a abelha".

Montesquieu

Resiliência é a capacidade de o indivíduo se adaptar, superar, resistir e até evoluir mediante os obstáculos que se apresentam em sua vida. Dessa maneira, os problemas podem representar um aprendizado, que, por sua vez, contribuem para uma vida melhor. A pessoa resiliente não entra em conflito emocional, pois enfrenta as dificuldades com reações positivas, sabe "dar a volta por cima" sem causar prejuízos aos aspectos psicológicos. Com otimismo, aproveita-se de situações negativas, entendendo que não pode mudar o vento, mas precisa modificar as velas para que estas a levem ao destino desejado. Ela vive o presente e faz da intuição sua aliada. Meio copo de água para os pessimistas é um recipiente quase vazio, mas para os resilientes está quase cheio.

Lembre-se de que a continuação é amiga da vitória. Sendo assim, não desista se algo não der certo de imediato; insista e será merecedor (a) da sorte. Sorte é quando a resiliência encontra oportunidade. A pessoa que não estiver preparada não reconhecerá a possibilidade quando esta aparecer.

A "brincadeira do Contente" é uma dinâmica que faço com os meus discentes quando acontece alguma coisa que eles consideram negativa. É uma maneira de identificar algo positivo diante dessa adversidade. Esse jogo faz parte do livro Pollyanna (1913), da escritora americana Eleanor H. Porter. A história, escrita há mais de cem anos, é atemporal, pois nos mostra a viver com bem-estar e otimismo. A protagonista perde a mãe, os irmãos e, finalmente, aquele que a ensinou a ver o meio copo quase cheio, seu pai. Ela tem doze anos e o desejo de ganhar uma boneca, mas é presenteada com um par de muletas. Mesmo assim, com sua resiliência, adapta-se, com otimismo e felicidade, por não precisar usá-las. No dia a dia, vivemos "numa correria", realizando nossos compromissos no piloto automático. É hora de parar, respirar, viver, ajustar-se de maneira positiva diante da vida. Seja feliz! Seja mais Pollyanna!!!... E maravilhas acontecerão em sua vida. Aguarde! Aguarde! Aguarde!

Particularmente, ao me deparar com uma adversidade, sempre penso que é uma oportunidade que aparece em minha vida. Então, enfrento as dificuldades que se apresentam, pois eu percebo nelas algo de positivo.

Enquanto estava em um simpósio de médicos cardiologistas, um amigo soube que se pai sofrera um enfarto. Nesse momento, perguntou se alguém presente no encontro poderia auxiliar seu pai. Prontamente, o Doutor Vanderlei se ofereceu para socorrer o doente e, assim, os dois dirigiram-se à casa do enfermo. Depois de uma semana de tratamento, o progenitor estava salvo, desfrutando de bem-estar. Então, meu amigo lhe ofereceu a chefia do Centro de Cardiologia em Brasília e, passado

68

algum tempo, no hospital Mayo Clinic (de Minnesota). O doutor Vanderlei, sentindo-se preparado, aceitou o convite e percebeu que as oportunidades estavam surgindo. Sim, a vida! Por que outros não aceitaram?

Utilize a sua mão como recurso para manter o foco.

Você tem cinco dedos; lembre-se das cinco qualidades para obter o que deseja:

DEDO POLEGAR: Com o polegar, geralmente, você emite um sinal de afirmação. Lembre-se de ter uma atitude positiva diante dos acontecimentos da vida. Faça como Pollyanna. Tudo tem o lado bom e ruim; o que se expande é o que você exalta.

DEDO INDICADOR: Esse dedo nos mostra que devemos seguir um roteiro; não podemos fazer como os macacos "pular de galho em galho". Quem tudo faz, nada faz direito.

DEDO MÉDIO: Esse é o dedo que, estando descontrolado, você o ergue enquanto abaixa os demais, querendo mostrar que alguém está errado. Não temos que apontar erros, mas sim perdoá-los. Se houvesse uma única lei para a riqueza, eu escolheria o **perdoar**. O verdadeiro significado desse ato é sinônimo de **prosperidade ilimitada.**

DEDO ANELAR: Denota concordância com o pensamento ou ação de alguém; é o dedo da aliança. Comprometa-se com o que deseja alcançar; faça o que for necessário independente do que está acontecendo ao seu redor. Por exemplo, se você se comprometeu a:

- Estudar duas horas por dia;

- Fazer um curso após o expediente de trabalho;

- Entrevistar uma pessoa por dia que teve sucesso no ramo de negócio que almeja para si;

FAÇA!!!

Ah! Mas hoje estou cansado (a)!

Ah! Mas hoje fizeram injustiças comigo no trabalho; estou sem "cabeça" para estudar.

Ah! Mas hoje está chovendo para ir à cidade vizinha entrevistar fulano.

Eu disse **independente** do que está acontecendo faça o que tiver que ser feito, e o sucesso será seu. Eu prometo!

DEDO MÍNIMO: É o menor e mais fino; mas, se ele não existisse, o conjunto estaria incompleto. Lembre-se de escutar a todos, mesmo o mais humilde dos homens; talvez, será o detalhe que fará toda diferença para obter o que deseja. Não discrimine, não despreze ninguém; somos todos caminhantes. A sua vivência depende da evolução espiritual em que se encontra.

"Seja a atitude de vocês a mesma de Cristo Jesus, que, embora sendo Deus não considerou que o ser igual a Deus era algo a que devia apegar-se; mas esvaziou-se a si mesmo vindo a ser servo, tornando-se semelhante aos homens". **Filipenses 2:5-7**

Comece a contar para você mesmo (a) a história da vida MARAVILHOSA que nasceu para ter.

Reclamar é sinônimo de clamar duas vezes. Reclamar é contribuir para alcançar tudo o que é negativo. Então!!! Se, na vida, quiser o oposto da negatividade, mude, fuja dessa atitude e verá a guinada que sua vida dará.

Depende da mindset da pessoa para transformar os fracassos em feedback positivo e, assim, enfrentar os problemas que surgirem. Ter resistência faz com que seguremos "a barra" que os problemas trazem, mas é só isso. Já ser resiliente, além de enfrentá-la, temos a incrível habilidade de encontrar outros caminhos que nos levem à vitória.

Gosto de comparar a resiliência com o bebê que começa suas tentativas de caminhar. Ele está apto a engatinhar; aí tenta algo novo e melhor – caminhar -, o que, a princípio, exige mais esforço. Em cada investida, o nenê tem novas oportunidades de usar suas aptidões e as aprimorar até conseguir seu objetivo: caminhar.

Já pensou se na primeira experiência ele desistisse? Não experimentaria o prazer de andar. A tendência dos seres vivos é a progressão, sempre. Os únicos capazes de cometer suicídio são os humanos. O instinto da vida é se preservar.

Seja resiliente! É melhor ter razão ou ser feliz? Aceite a opinião do outro embora não concorde com ela. Todo mundo tem razão, que é um fragmento. Cada um tem a sua; respeite-a, pois, na essência, somos iguais; quando às diferenças, temos que ter resiliência. Diante dos obstáculos da vida, seja como o naylon ou a laycra. Se você puxar esses tecidos, eles esticam, mas não rasgam. Em seguida, voltam ao lugar de origem. Ao enfrentar as intempéries do dia a dia, faça o mesmo; mantenha a postura; faça um *feedback* a favor do seu objetivo e depois volte ao seu lugar de origem, ao agora.

Tenha válvula de escape porque senão você virará uma panela de pressão que, quando estourar, "Deus me livre quem estiver perto".

Ter um lugar aconchegante para voltar é um privilégio. Se você está passando por um "perengue" no trabalho, lembre-se de que logo voltará ao aconchego do seu lar e, à sua espera, está o amor de sua família com quem planejará as férias de verão...

Estique as pernas, relaxe durante cinco ou dez minutos na sala preparada com almofadas, móveis e piscina de bolinhas. Não! Por quê? Medo que o colega julgue você um preguiçoso? É ou não?

Talvez, isso se deva pelo fato de você pensar o mesmo em relação ao outro que tenha o mesmo comportamento.

Ainda vivemos a política antiga de que quanto mais trabalho, mais produção. Isso não é a verdade.

Na disputa de um campeonato de quem cortava mais eucaliptos para a construção de casas populares, sobraram dois participantes: um rapaz e um velho. Aquele, considerando-se vitorioso por ter visto o outro se sentar três vezes, foi buscar a medalha. Nesse momento, ouviu o nome do vencedor ser anunciado: o do velho. Intrigado, dirigiu-se ao idoso e lhe disse:

- Muitas vezes apreendi com a sua sabedoria, mas hoje eu não parei de cortar eucaliptos enquanto você parou três vezes.

E o senhor:

-Parei três vezes para afiar a foice.

Pare você também e afie a foice, pois o vencedor não é quem trabalha sem parar, mas quem têm estratégias. As grandes empresas já estão dispondo de lugares mais aconchegantes para a pausa dos funcionários. Seus donos sabem que esses momentos dão os *insaits,* ou seja, afiam-se as foices.

Conta a história que foi em uma pausa, embaixo de uma macieira, que o cientista inglês Isaac Newton (que nasceu em 1643 e morreu aos 84 anos), ao sentir que uma maçã caíra em sua cabeça, descobriu a Lei da Gravidade. Por sua vez, enquanto tomava banho em uma banheira, o cientista grego Arquimedes (287 a.C. – 212 a.C.), depois de ver a água transbordar, resolveu o dilema do volume da coroa do rei Hierão; nu, saiu gritando pelas ruas a palavra "Eureka" (Descobri).

Lembre-se: cada um tem a sua verdade, a sua maneira de agir, por isso a necessidade de haver mais resiliência que resistência.

Mude o que é possível. Adapte-se a esse paraíso deixado para ser usufruído com sabedoria; assim conquistará a tão sonhada felicidade.

Faz seis anos que, às segundas-feiras, acordamos às quatro horas para chegar a tempo ao meu trabalho e à escola do meu filho. Ao ouvir o sinal do despertador, levanto sem dar tempo de a minha cabeça "me sabotar". Já com meu marido, até algum tempo, era uma "novela"; ele ficava mais um pouco, mais um pouco; então, chamava-o uma, duas, três, quatro vezes e isso fazia com que eu ficasse chateada. Como mudar isso?

Inicialmente, resolvi lhe dizer que, para mim, era muito importante chegar ao trabalho no horário. Lembrei-o também de que havíamos combinado que ele levantaria assim que o chamasse. Sem sucesso, ameacei deixá-lo em casa. Com isso, iniciávamos o dia em desarmonia. Então!!!

Mudei a maneira de despertá-lo. Só eu poderia fazer isso!

E mudei!!!

Agora, quando o despertador toca, acordo meu esposo com um beijo e começo as tarefas para poder viajar. Preparo a água do chimarrão; em seguida, desperto, com calma, meu filho. Quando percebo, meu marido já está de pé fazendo mate.

A mudança deve partir de você. Exigir isso do outro é "dar muro em ponta de faca". Ao modificar à sua maneira de agir, você levará o outro a refletir e conseguirá o que deseja.

Penso que já na Educação Infantil deveria haver uma disciplina que orientasse o aluno (a), a saber como lidar com a sua vida de maneira que obtivessem mais prazer em viver.

Sugiro alguns nomes, como Vida Plena, Recursos da Alegria, Realizações, Sugestões de Sabedoria, Valores...que, aliadas ao Português, Matemática, História... deveriam constar no Currículo das escolas.

Tenho uma amiga que reclama que seu marido conversa pouco com ela e, quando está com problemas, não os menciona. Aí entra a compreensão; os homens são de Marte; as mulheres, de Vênus. Eu costumo lhe dizer:

- Se você queria um companheiro que falasse muito e contasse seus problemas, deveria ter casado com uma mulher.

É preciso entender a natureza das coisas e a ela se moldar.

Se estiver chovendo, sei que demorarei mais para chegar ao local do trabalho. O que fazer, então?

Com certeza, sair de casa antes. Dessa forma, satisfaço os meus quereres, as minhas crenças e verdades.

Mude, e a vida mudará você!

Lembre-se: nem sempre a sua interpretação condiz com o que o outro falou. Ela envolve interesses, cultura, afinidades, ou seja, ocorre de acordo com a sua *mindset*.

Sou responsável pelo que digo; não pelo que o outro entendeu. Da fonte à recepção, o caminho é longo. Então!!! Escute mais e fale menos. Fale quando tiver algo interessante a dizer.

Por exemplo, do trabalho até sua residência, há vários caminhos que você pode percorrer. Esse fato pode ser comparado a um desejo de alcançar um objetivo. Primeiro, é preciso traçar metas. Dependendo das que escolher, conquistará antes seu propósito. Da mesma forma, há um caminho por meio do qual chegará mais rápido e, consequentemente, mais satisfeito (a).

Você pode TUDO que sua mente permitir. Depende de você ter o melhor da vida. Maravilhas estão disponíveis; basta você delas se apoderar.

83

"A primeira lei da natureza é a tolerância – já que temos todos uma porção de erros e fraquezas".

Voltaire

História da resiliência

Numa aldeia distante da França, morava uma mulher que, desde jovem, criou o hábito de ver o lado positivo de tudo. No dia dos mortos, foi ao cemitério e depositou uma garrafa de vinho sobre o túmulo de seu falecido marido. Ao lado, duas senhoras, aos cochichos, criticavam a postura da francesa enquanto colocavam flores nos vasos nas lápides de seus entes queridos.

Essas duas mulheres, não suportando a curiosidade, perguntam à gaulesa:

- Quando você acha que o defunto virá beber o vinho?

Educadamente, a viúva respondeu:

Quando o seu defunto vier cheirar as flores, o meu esposo virá beber o vinho.

Acredito que as circunstâncias e lugares são estáticos. A diferença está nas atitudes que envolvem nossas crenças.

Meio copo de água para quem vê pode estar quase cheio ou quase vazio. Veja-o como a primeira opção, e suas atitudes serão condizentes com uma vida mais resiliente e feliz.

85

z.

AMOR

SANTO AGOSTINHO

Agostinho de Hipona, conhecido universalmente como Santo Agostinho, foi um dos mais importantes teólogos e filósofos nos primeiros séculos do cristianismo. Suas obras foram muito influentes no desenvolvimento do cristianismo e filosofia ocidental. Ele era o bispo de Hipona, uma cidade da província romana da África.

Nascimento: 354 d.C., Tagaste

Falecimento: 430 d.C., Hipona, Annaba, Argélia

"Ama e faz o que quiseres. Se calares, calarás com amor; se gritares, gritarás com amor; se corrigires, corrigirás com amor; se perdoares, perdoarás com amor. Se tiveres o amor enraizado em ti, nenhuma coisa senão o amor serão os teus frutos".

Santo Agostinho

Amar significa querer o bem de outra pessoa. Especificamente, envolve a química do nosso cérebro, os estímulos nervosos. É uma ligação com outro ser.

Acredito que o amor é tudo para quem quiser viver o melhor da vida. Sinta, dê, receba e faça amor. Como consequência, terá AMOR, o maior sentimento que existe. Ele é cumplicidade; o cuidado com a própria pessoa e outros indivíduos tanto nas alegrias como nas tristezas.

"Ame a vida, e ela o (a) amará".

Fale, aja e receba com amor tudo o que a vida lhe apresentar, relembrando que é responsável pelo que diz, não pelas interpretações dos outros. Se você dirigir uma mensagem a dez pessoas, estas a entenderão de acordo com suas experiências vividas, bem como o nível de conhecimento que possuem, a classe social a que pertencem e aos valores que conservam. Relembrando: sou responsável pelo que digo e não pelo que o outro entende. O mais importante é que o amor esteja presente neste e noutros momentos.

Organize sua rotina com amorosidade, pois acredito que ninguém nos deixa do "dia para noite". O afastamento, quando ocorre, é aos poucos, e em função da ausência de amor ao nosso semelhante no dia a dia. Muitos compromissos profissionais; pouco tempo; falta de delicadeza e cuidados com quem amamos. Neste momento, vem-me à mente um dizer de minha mãe para meu pai: "quem ama cuida", isso quando ele se declarava para ela, mas seu exemplo não condizia com o que enunciava.

O dia tem vinte e quatro horas; divida-o em três: oito para o trabalho, oito para o lazer e oito para dormir. Dedique o seu tempo a quem lhe é caro; construa uma vida feliz. Entre a semente e a melancia, há o tempo. Amor é policiar os pensamentos da pessoa mais importante de sua vida: você. Assim, terá tudo. Tudo o que quiser; o melhor; tudo o que seu pensamento conseguir assimilar sem impor limites. Pense: toda riqueza afetiva, financeira, física e espiritual será sua.

O problema de não ter tudo, em todos os aspectos da sua vida, deve--se a você. São as barreiras que você cria que impedem que seus desejos se concretizem.

Ame a tudo e a todos; isso voltará para você em forma de mais amor, pois a vida é o reflexo das nossas atitudes. Se você plantar mamão, não colherá abacates. Viva com amor. Simples assim!

"Tendes ouvido o que foi dito: Amarás ao teu próximo e aborrecerás ao teu inimigo. Mas eu vos digo: Amai os vossos inimigos, fazei bem aos que os odeiam, e orai pelos que vos perseguem e caluniam, para serdes filhos de vosso Pai, que estás nos céus, o qual faz nascer o seu sol sobre bons e maus, e vir chuva sobre justos e injustos. Por que, se não amardes senão aos que vos amam, que recompensas haveis de ter? Não fazem os publicanos também assim? E se saudares somente os vossos irmãos, que fazeis nisso de especial? Não fazem também assim os gentios? – Eu vos digo que, se a vossa justiça não for maior e mais perfeita que dos escribas e fariseus, não entrareis no Reino dos Céus".

(Mateus, V: 20, 43-47)

Quando digo amar a todos, é amar também a seu inimigo.

O amor envolve perdão. Isso não significa esquecer o que lhe fizeram, mas libertar sua alma de qualquer negatividade para que ela possa fluir para tudo o que é bom.

A escassez de amor traz a falta de responsabilidade pelos acontecimentos da vida; a culpa sempre é do outro. O próximo passo da falta de amor é a mágoa, que é a água suja dentro de nós atraindo para nossas vidas doenças e situações ruins. Em seguida, vem o ressentimento, que nada mais é que o desgosto pelas coisas da vida. Ainda, surge o sentimento de vitimização, que transforma o indivíduo no único sofredor de tudo o que ocorre. Por último, brota o não merecimento, que é quando a pessoa acha que não tem valor suficiente para desfrutar de uma comida cara, uma roupa de grife etc. Esse é o processo do não perdão, por isso lhe digo: perdoar fica mais barato, emocional e financeiramente para você. Devemos amar a todos podendo escolher para quem damos a nossa convivência. Tudo tem o porquê de ser. Foi nos maiores aborrecimentos que fiz grandes progressos, sempre.

Numa adversidade, eu sinto vontade de abraçar a (s) pessoa (s) e lhe (s) dizer:

-Tudo certo para mim, vamos fazer do seu jeito. Eu o amoooo!!! Sabem por quê? Porque tenho a convicção muito forte de que a vida passa depressa demais para perder tempo com o supérfluo. Ela é muito curta para me preocupar com pouco.

Viva com intensidade; valorize o que lhe acrescenta. O resto? Será que vale a pena?

Ame, ame, ame e terá tudo de bom.

Os amores mais conhecidos e fundamentais à vida humana são:

ÁGAPE = universal. São os ideais espirituais; o amor incondicional à esposa, ao esposo, às crianças, aos filhos, à sua família, ao trabalho e a Deus.

Num pequeno vilarejo da Europa, morava um bruxo muito poderoso que amava uma estudante. Mas ela amava outro homem. Então, o bruxo tentou usar seu poder para deixá-la apaixonada por ele. Mas seu mestre, ao saber do intento, chamou-o severamente à atenção. Para explicar a relação entre o amor e o apego, disse-lhe: "Observe a flor do campo. Ela não é linda? No entanto, se você a arrancar do campo apenas para satisfazer sua vontade, ela perderá sua beleza e murchará. Mas, se você a deixar onde se encontra, ela

95

continuará irradiando a sua beleza, pois ela combina com o cheiro da terra molhada, com o pôr-do-sol. O que adianta manter a estudante ao seu lado sem ela te amar, sem estar feliz por estar com você? Todo ser humano possui sua outra parte. Espere-a e respeite os desígnios do amor que Deus traçou para você".

Então, o bruxo chorou muito, arrependeu-se e compreendeu que o verdadeiro amor é o que permite ser amado e ser feliz. Além disso, entendeu que ela não era a única mulher que poderia fazê-lo feliz e esperou a sua outra parte. Mais tarde, encontrou uma grande mulher que deu novo sentido à sua vida e o tornou um dos magos mais poderosos de todos os tempos.

EROS = desejo. É o amor entre o homem e a mulher. Representa a atração física, afeição de natureza sexual, um amor mergulhado em paixão e romantismo, sentido de desejo passional, sensual e sexual.

Uma das lendas mais conhecidas da mitologia grega é a de Psiquê (= Alma) e Eros, representado por um lindo jovem que portava uma flecha, disparando por todos os lados, demostrando que o amor é cego. Psiquê era uma princesa de uma beleza tão estonteante que provocava ciúmes à própria Afrodite, a mãe de Eros. Esta convenceu o filho a punir a princesa fazendo com que ela se apaixonasse pelo homem mais feio do mundo.

O pai da jovem, verificando que Psiquê era a única das suas três filhas que ainda não havia casado, resolveu consultar o oráculo. Este o aconselhou a preparar sua filha para uma cerimónia nupcial e, em seguida, abandoná-la numa montanha junto de um rochedo, onde um monstro, seu futuro marido, iria buscá-la.

Após ser abandonada pelo pai em um vale, Psiquê, exausta, adormeceu. Ao acordar, percebeu que estava em um castelo e que alguém a acompanhava. Logo descobriu que era o marido a quem havia sido destinada. Era o belo Eros que ali estava para lhe impor o castigo que Afrodite pedira, mas, ao ver a princesa, imediatamente se apaixonou por ela.

Antes de desaparecer, pouco antes do amanhecer, Eros obrigou-a a jurar que nunca tentaria ver o seu rosto. Com o passar do tempo, Psiquê se apaixonou pelo seu misterioso marido. Um dia foi visitar os pais e as irmãs. Estas, invejosas, convenceram-na a ver o rosto do seu esposo. Então, curiosa, ela resolveu seguir o conselho das irmãs. Assim, enquanto ele dormia, silenciosamente, acendeu uma vela e, em vez do monstro, encontrou o belíssimo Eros. Aproximando-se para o ver melhor, deixou cair uma gota de cera no ombro do deus, acordando--o.

Ele, furioso, reprimiu-a pela sua curiosidade e quebra da promessa que lhe havia feito e retirou-se. Psiquê ou Alma se encontrou novamente na montanha, onde, desgostosa, tentou suicidar-se, atirando-se a um rio, mas as águas levaram-na de volta às margens. A partir de então, vagueou pelo mundo à procura do seu amor e, perseguida pela ira de Afrodite, foi sujeita a muitos perigos, que conseguiu vencer em virtude de uma misteriosa proteção. Finalmente, Eros, impressionado pelo arrependimento da princesa e pela fidelidade do seu amor, implorou a Zeus, pai de todos os deuses e homens, que a deixasse se unir a ele. Então, o deus concedeu a imortalidade à Alma; Afrodite esqueceu os seus ciúmes e o casamento foi celebrado, no Olimpo, montanha mais alta da Grécia, com grandes festejos.

PHILOS = cultural. Significa amizade, carinho, afeição, afinidade, amor entre irmãos. Também simboliza a ideia de parceria, companheirismo, simpatia natural, um profundo carinho que alguém dispensa aos seus amigos e familiares; o prazer e a satisfação de se realizarem coisas agradáveis. Relaciona-se mais com a alma do que com o corpo.

Numa longínqua cidade, eles nasceram longe um do outro. Philo morava no Sul; Sophia, no Norte. Um dia, os dois foram passear pela floresta e se encontraram. Desse encontro, nasceu um lindo amor, o qual, passados alguns meses, gerou uma filha curiosa, questionadora. Pitágoras, amigo do casal, deu-lhe o nome de Philosophia (Filosofia em Português). A menina Filosofia cresceu e passou a ser amiga do saber.

"Ame a teu próximo como a ti mesmo e não faça aos outros o que não quer que façam   contigo".

Jesus de Nazaré

Lenda do amor

No meu sítio...

O arroio cristalino passa dançando ao som da cantoria dos passarinhos e outros bichinhos, dando de beber a todos que estão ao seu redor, inclusive às ervas daninhas.

As árvores e inços deixam cair suas folhas na terra para esta ficar mais produtiva com seu adubo. Outras plantas emprestam aos passarinhos seus galhos para construírem suas casas.

As flores nos presenteiam com seu colorido, deixando à mostra sua beleza em troca de admiração; por seu turno, as ervas daninhas nos ensinam como enfrentar, superar, transformar...

As borboletas demonstram a mudança por intermédio da metamorfose.

E nós, seus moradores, cuidam de tudo em troca desse lindo cenário chamado paraíso.

Isso é amor!!!

104

SONO

MENANDRO

Menandro foi o principal autor da Comédia Nova, última fase da evolução dramática ateniense, que exerceu profunda influência sobre o romano Plauto e, sobretudo, Terêncio.

Nascimento: 342 a.C., <u>Kifisia, Grécia</u>
Falecimento: 291 a.C., <u>Pireu, Grécia</u>

"O sono é um bálsamo curador para todos os males".

Menandro

Sono é um estado comum de prática, complementar ao do desperto, em que há descanso normal e periódico, destacando-se, no ser humano como nos demais vertebrados, pela suspensão temporária da atividade perceptivo-sensorial e motora voluntária. Ele é fundamental às funções biológicas, e sua qualidade interfere diretamente no nosso dia a dia.

Sempre é bom lembrar que o dia tem vinte e quatro horas. Destas, oito devem ser dedicadas ao repouso (dormir). Esse tempo é considerado ideal, mas também depende de cada organismo.

Nosso corpo é o mecanismo mais bem elaborado que existe. De fato, nem um computador, por mais moderno que seja, compara-se à grandiosidade do ser humano. Reiterando, o dia tem vinte e quatro horas: oito para o lazer, oito para o trabalho e oito para descansar. Estas, se bem distribuídas, favorecem o bem-estar do organismo; consequentemente, o trabalho será mais produtivo; e o lazer, mais prazeroso.

Sendo assim, façamos uma analogia com o carro. Para funcionar bem, ele precisa de combustível, água, bem como de revisão periódica e manutenção que, dependendo da idade e uso, devem ser mais frequentes. Esses "cuidados" também devem ser concedidos ao nosso corpo: com o passar dos anos, é necessária a reposição de nutrientes que a idade avançada já não fabrica mais.

Conceder ao organismo o tempo ideal de repouso é respeitar a vida, que nos retribui em qualidade. Em efeito, o que desejamos é viver e não apenas sobreviver, mas há seres que andam cabisbaixos, sugados pelo cansaço, desânimo e tristezas. Precisamos olhar para o alto, para Deus, para essa vida fascinante da qual somos donos. Devemos nos conceder oito horas de sono; assim, ficaremos alerta às belezas que estão à nossa volta e desejam ser vistas e admiradas. Ver não é sinônimo de enxergar; quem tem uma boa visão vê, mas nem sempre enxerga. Todo mundo vê se não for cego, mas há os que não enxergam. Enxergar é perceber o que nos cerca. Exemplo: Uma pessoa está chorando: vejo que lhe caem lágrimas. Mas se eu a enxergar, percebo a sua tristeza e posso ajudá-la por ter a sensibilidade que o enxergar me proporciona.

"Toda noite morro e deixo meu espírito passeando até a hora do despertar".

Quando tenho dúvidas sobre as circunstâncias da vida, antes de me entregar ao sono, peço ao meu Ser Superior que, ao despertar pela manhã, eu encontre as respostas que me conduzam à felicidade. Sempre dá certo.

Outra técnica que faço antes de dormir: agradecer pelas dez circunstâncias do dia.

Exemplos:

Sou grata pela conversa que tive com meu filho;

Sou grata pela disposição física que senti no dia de hoje;

Sou grata pela água que tomei antes de dormir;

E assim por diante...

Faça a dezena de agradecimentos e durma como os anjos.

Viver com equilíbrio

Numa distante cidadezinha, vivia um ancião que as pessoas procuravam quando desejavam mudar suas vidas para melhor.

Ao chegarem à consulta, estavam abatidas, tristes e sem ânimo de viver. Finda a conversa com o conselheiro, saíam animados, felizes e com enorme vontade de viver.

Um prefeito ranzinza de uma cidade vizinha mandou raptar o guru e levá-lo à sua presença, pois desejava saber que mistério o guia espiritual guardava para transformar as pessoas com uma simples conversa. O fato é que o administrador municipal não acreditava que o mestre apenas orientava, sugeria; mas sim fazia uso de algum pó mágico ou de feitiçaria.

Quando os funcionários públicos chegaram com o famoso guia, o gestor perguntou:

- Mentor, o que devo fazer para ter uma vida feliz?

-Tenho tantos afazeres que meu dia deveria ter quarenta e oito horas.

-Sofro injustiças com pessoas ignorantes, mentirosas...

-Viva como as plantas, aconselhou o guru.

O chefe do poder executivo novamente questionou o mestre:

- Como é viver como as plantas?

113

- Observa as plantas! Elas ficam ainda mais viçosas no esterco. Tiram do adubo malcheiroso tudo que lhes é útil e saudável, mas não permitem que o azedume da terra manche o frescor de suas folhas.

"A melhor ponte entre o desespero e a esperança é uma boa noite de sono".

E.Joseph Cossman

Os problemas dos outros são defeitos deles e não seus. Sendo assim, não há motivo para aborrecimentos. Pratique, pois, a virtude de rejeitar todo mal que vem de fora. Não se deixe contaminar por tudo aquilo que o (a) rodeia. É importante tomar uma atitude, que, para ser considerada correta, depende do momento, da situação. Como exemplo, podemos citar as árvores: o aparecimento de suas flores, brotos, frutos, folhas e galhos secos depende da estação. É a própria natureza que se renova. Sendo assim, como as plantas, deixe a vida fluir. As vinte e quatro horas que compõem o dia devem ser divididas, em partes iguais, entre o trabalho, o lazer e o repouso. Do último, depende a disposição que teremos no dia seguinte para os outros dois; portanto, merece uma atenção especial. Um bom sono noturno contribui significativamente para a solução dos problemas. Assim, você estará vivendo como as plantas!

Nunca ache que perdeu por ter enfrentado problemas em determinado dia; eles são essenciais para sua vida ser produtiva.

Minha primeira nomeação como funcionária pública do Estado começa às 7 h30min da manhã. Costumo levantar às 5h30min e saio de casa às 7h.

Ao acordarmos, meu marido e eu fizemos os agradecimentos, as dinâmicas para uma vida plena e tomamos chimarrão (uma bebida característica da cultura do Sul da América do Sul legada pelos indígenas). Para saboreá-lo, necessita-se de uma cuia, uma bomba, erva-mate moída e água quente (aproximadamente, setenta graus Celsius). Conversamos. Às 6h30min, com carinho, acordo meu filho, visto-o para ir à escola, sirvo- lhe o café...e vou até meus pais para beijá-los e lhes desejar Bom dia!

Poderia acordar uma hora mais tarde, mas teria que fazer tudo RAPIDINHO antes de sair. Como a maioria, realizaria roboticamente essas tarefas. Mas isso é qualidade de vida?

Penso que não!

Desperte uma hora antes e disporá do tempo necessário para se organizar e desenvolver suas tarefas, inclusive as eventuais, antes de sair para o trabalho. Assim, não correrá o risco de se atrasar, fato que o (a) deixaria nervoso (a). Comece o dia com disciplina; assim, a serenidade e a felicidade o (a) acompanharão. Acorde agradecendo; vá ao banheiro; olhe-se no espelho e diga "Eu te amo!!!". Tome seu banho; sente-se à mesa para tomar café; medite, diga "Bom-dia" a quem lhe é caro e saia de casa para cumprir suas responsabilidades, vivendo o seu dia como se ele fosse o último aqui na Terra. Esse espaço de tempo entre realizar uma tarefa e outra é compensador quando o dia é aprazível.

Comece o dia com a tranquilidade que o tempo lhe dá e a tendência do segmento do seu dia é de sossego e felicidade.

Pare, respire e siga o fluxo da vida.

Quando os meus alunos estão ansiosos, digo-lhes:

- Parem de escapar do carro que vem atrás de vocês. Desliguei o motor. Calma, inalem o ar, segurem-no e contem até seis; soltem-no devagar e, novamente, contem até seis. Três vezes. Tudo ficará bem melhor! Experimentem!

Meus queridos!

Calma, a "vida" leva o tempo de que precisa. Não adianta querer empurrar o rio, tudo tem o seu tempo. Eliminem a ansiedade e verão que o cotidiano melhorará. A totalidade do seu dia tem a ver com sua noite de sono.

Ah! Mas como farei isso, dona Simone? Tenho família para sustentar, as tarefas do emprego para dar conta... Então, eu lhe pergunto:

- Quer viver ou sobreviver? Se for o primeiro item, viver, darei mais uma técnica que irá lhe auxiliar nos seus dias.

Faça! Compre uma pulseira ou até mesmo use aqueles elásticos de dinheiro; ponha no braço e, cada vez que estiver acelerado (a), troque o ornamento de braço. Você perceberá, já no final do primeiro dia, como "atropela" a vida. Isso é viver?

Tem gente que tem o tempo a seu favor e anda soterrado e sugado pela Terra, olhando para o chão. Ergue-se! Olhe para cima, para Deus, para as soluções, e a chave para ter essa qualidade de vida é uma noite bem dormida.

120

da.

EXERCÍCIO FÍSICO

GALILEU GALILEI
Galileu Galilei foi um físico, matemático, astrônomo e filósofo florentino. Galileu Galilei foi personalidade fundamental na revolução científica.
Nascimento: 1564, Pisa, Itália
Falecimento: 1642, Arcetri, Itália

"A condição natural dos corpos não é o repouso, mas o
movimento".
Galileu Galilei

Atividade física é o movimento corporal que acontece por meio da contração muscular e produz uma perda energética superior ao gasto em nível de repouso. É qualquer prática que preserva ou acrescenta a aptidão física e tem como propósito a saúde e a recreação.

Os objetivos são reforçar a musculatura e o sistema cardiovascular; auxiliar na síndrome metabólica e dislipidemia; aprimorar habilidades inerentes ao treino. Além disso, contribui para a perda de peso; favorece o sistema imunológico; modera o colesterol; melhora a saúde mental, a socialização, a autoestima e a flexibilidade;

previne a depressão e outras doenças; atua como inibidor do surgimento de alterações orgânicas relacionadas ao processo degenerativo.

Ao realizarmos atividades físicas, não modificamos apenas o corpo, mas também a mente, pois a hipófise libera, por meio da corrente sanguínea, a substância do bem-estar e da alegria para todo o corpo, funcionando como um analgésico. O efeito é parecido com a ingestão de medicamentos, com a diferença de que é natural e não química como os timoanalépticos. Atualmente, é progressiva a necessidade de o ser humano fazer uso de remédios antidepressivos.

A atividade física tem que ser aprazível para não se transformar em algo penoso. Caso não goste de frequentar academias, faça dança do ventre, caminhe, corra, jogue futebol, etc. O importante é realizar exercícios físicos três vezes por semana, pois eles lhe proporcionam mais disposição, alegria, capacidade de enfrentar as dificuldades da vida.

Quanto a mim, corro duas vezes por semana; a sensação pós-corrida é gratificante. Ela me deixa feliz e disposta a realizar o que é necessário da melhor maneira possível. Enfim, desejo "abraçar todo mundo".

Portanto, faça exercícios regularmente, organize a sua rotina, e mudanças significativas ocorrerão em sua vida. Reafirmo: como o carro precisa de manutenção, o corpo humano também necessita de cuidados para que possamos viver como merecemos, plenamente.

Acredito que a doença do século, a depressão, seria amenizada se fizéssemos mais atividades físicas.

A Universidade de Penn State, nos Estados Unidos, realizou uma pesquisa chamada *A Daily Analysis of Physical Activity and Satisfaction With Life in Emerging Adults* (Análise da relação entre atividades físicas e satisfação com a vida em jovens adultos – Tradução livre). Originalmente divulgada pela revista Biological Psychiatry, envolveu duzentos e cinquenta e três jovens entre dezoito e vinte e cinco anos, durante duas semanas.

Os resultados indicam que os que praticavam exercícios físicos eram mais felizes e, consequentemente, mais satisfeitos em todos os aspectos da vida: espiritual, afetivo, físico e financeiro. Os entrevistados também relataram que, quanto mais se exercitavam, mais felizes ficavam e, assim, os benefícios aumentavam.

Uma simples caminhada desencadeia efeitos positivos; duas substâncias químicas são liberadas e promovem um estado de bem-estar: o cortisol e as endorfinas. O primeiro, quando produzido em demasia, como pode ocorrer em situações de desentendimentos, provoca diversos efeitos negativos. O exercício físico ajuda a diminuir os níveis desse hormônio, e as endorfinas são liberadas, assim como a serotonina e a dopamina, neurotransmissores que auxiliam na diminuição da angústia e do nervosismo. Como consequência, melhora a memória; aumenta a resistência e a disposição; alivia as tensões e dores; diminui a insônia; eleva a autoestima e evita várias doenças.

O BDNF é uma proteína membro da família das "neurotrofinas" dos fatores de crescimento. Contribui para um melhor funcionamento do **cérebro**, pois é um agente antidepressivo, tranquilizante, motivador de todos os fatores de crescimento que fazem nosso *cérebro se desenvolver e prosperar.* Segundo um estudo publicado no Jornal Americano de Fisiologia, ao praticar atividades, o corpo libera o fator neurotrófico derivado do cérebro (BDNF), estimulando o crescimento de novas células cerebrais que estão relacionadas ao aprendizado. Ademais, também protege o cérebro de possíveis danos.

As pessoas sabem que a atividade física é excelente para o organismo, mas uma parte delas desconhece o quanto ela beneficia o cérebro. De fato, estimula o desenvolvimento de novos neurônios no hipocampo, região responsável pela memória. Os neurônios nascem continuamente durante toda a vida, e a prática de exercícios físicos aumenta o fluxo sanguíneo, e quanto mais sangue circular pelo cérebro, maior o número de novos neurônios.

Não é necessário se tornar um atleta de triatlo. Caminhar três vezes por semana, durante meia hora, já tem seus benefícios. Contudo, o ideal seria meia hora por dia. Medicamentos que imitam efeitos de atividades físicas ajudam a reduzir a perda de memória, especialmente a doença de Alzheimer, o que comprova a importância da prática dessas atividades. Após vinte minutos de exercícios físicos, especialistas citam, com base em suas experiências bem-sucedidas, vários benefícios, como a diminuição do envelhecimento cerebral, melhora cognitiva, prevenção de inúmeras doenças e comunicação com diversas outras áreas.

A Organização Mundial de Saúde (OMS) instituiu o Dia Mundial da Atividade Física, incentivando a realização de atividades físicas em locais públicos. A data é celebrada uma vez por ano para motivar a população a participar e mostrar os benefícios do exercício físico, os quais reitero: evita o excesso de peso e da obesidade; previne o aparecimento de doenças; reduz a tensão arterial; melhora a autoestima; reduz o stress; contribui para a concentração e o bem-estar físico e psicológico; evita diabetes, hipertensão, alterações de taxas sanguíneas, como colesterol ou triglicerídeos, problemas osteoarticulares e até mesmo complicações das funções cognitivas, como o Alzheimer, que conta única e exclusivamente com o exercício aeróbico regular como meio de prevenção.

A OMS criou também a data da prevenção do sedentarismo, apontando a falta de atividade física como o quarto principal fator de risco de morte no mundo. Ele é o grande causador de mudança de hábitos da população. Um corpo inerte funciona mal, sobrecarrega todos os órgãos, até levá-los à falência parcial ou total. Pode-se dizer que a imobilidade é uma das maiores causas de mortes precoces no mundo.

Atualmente, as comunidades contam com academias ao ar livre, um projeto muito bem pensado e por meio do qual a população em geral pode usufruir desse espaço, usando equipamentos adequados, e se expor ao sol, contatar a natureza e, assim, adquirir melhor de qualidade de vida. No entanto, faltam profissionais para atuar nesses ambientes e orientar os adeptos desse exercício a realizá-lo de maneira correta, evitando lesões e outros pormenores.

Reitero que o dia tem vinte e quatro horas; meia hora basta para mudar positivamente seu viver. Será que vale a pena?

Com o exercício físico...

O sono fica melhor!

Terá mais facilidade de se mover!

Conseguirá mais felicidade e bem-estar!

Resolverá os obstáculos da vida com facilidade!

Experimente e comprove!

" O cidadão tem o direito de ser um amador em matéria de treinamento físico. Que desgraça é para o homem envelhecer sem nunca ver a beleza e a força do que o seu corpo é capaz".
Sócrates

As sete maravilhas do mundo

Um discípulo foi procurar respostas com o seu conselheiro espiritual. Chegando à sua modesta casa, angustiado, perguntou ao guru de que forma poderia mudar sua vida, esclarecendo que já havia aplicado os princípios relativos às partes espiritual, afetiva e financeira ensinadas pelo próprio mestre. Este lhe sugeriu uma caminhada numa estrada onde havia folhas secas no chão e raios do sol que cortavam as altas árvores. Enquanto caminhavam, o conselheiro perguntou ao seu seguidor quais eram as sete maravilhas do mundo.

- A Cidade de Petra, o Coliseu, Chichén Itzá, Machu Picchu, o Taj Mahal, as Muralhas da China e o Cristo Redentor -, respondeu o discente.

O mestre parou um minuto e prosseguiu:

– Pois bem, meu jovem, agora eu lhe direi quais são as sete maravilhas do corpo humano e uma única alternativa fará toda a diferença para o bom funcionamento de cada uma delas:

1 – Visão;

2 – Audição;

3 – Olfato;

4 – Paladar;

5 – Tato;

6 – Gratidão;

7 – Amor.

135

- E isso você somente conseguirá com plenitude se cuidar dessa maravilha chamada corpo humano.

E completou:

- Enquanto falo com você, como agora, meus olhos passeiam. É uma atividade física prazerosa.

Desde então, o mestre via de sua pequena janela o jovem aprendiz caminhando, diariamente, por aquela estrada com um semblante de satisfação. Parecia que falava com Deus.

136

MUDANÇA

PLATÃO
Platão foi filósofo e matemático do período clássico da Grécia Antiga, autor de diversos diálogos filosóficos e fundador da Academia em Atenas, a primeira Instituição de Educação Superior do mundo ocidental.
Nascimento: 429 a. C., Atenas Clássica
Falecimento: 348 a. C., Atenas, Grécia

"Tente mover o mundo – o primeiro passo será mover a si mesmo".

Platão

Mudança é qualquer alteração de um estado, situação, modelo, dispondo de outro modo por razões inesperadas e incontroláveis, ou planejadas e premeditadas. A mudança ocorre, muitas vezes, independentemente de a pessoa desejá-la ou não, pois a vida está em contínuo movimento.

O importante é estarmos cientes de que precisamos evoluir e contribuir da melhor forma para que as transformações aconteçam a nosso favor.

Mude o que não gosta com espírito de felicidade por deixar para traz o que não lhe fez, faz ou fará bem.

Particularmente, transformo o que não gosto em algo bom, sempre.

Recebi o diagnóstico que necessitava fazer uma cirurgia para tirar hérnia do umbigo. Aproveitei e fiz junto uma abdominoplastia.

Algum tempo depois descobri que o melhor para o que eu tinha era retirar o útero. Então, fiz a histerectomia, aproveitei e melhorei o aspecto da cicatriz do meu último procedimento.

Em outro momento, tive um nódulo no seio; na retirada deste, beneficiei-me, colocando uma prótese de aumento, ideal para mim.

Por fim, precisei tirar três hérnias da barriga, acrescentei tela, assim fiquei mais resistente e com um lindo abdômen!

Aliando a isso, sofri injustiças desumanas no meu trabalho; diverti--me, escrevendo uma trilogia sobre elas, bem como em relação à doença do meu marido, adicção. Tive mais tempo para ajudá-lo em sua demência e entendê-lo melhor.

Enfim, tudo que no primeiro momento parece negativo eu transformo em algo positivo, modificando minha rotina. No meu modo de ver, a mudança sempre é uma oportunidade de melhoramento, e sem exceção, tudo que já me aconteceu de negativo eu transformei em aprendizado. A transformação é boa para quem está disposto a aproveitar para descobrir os benefícios escondidos que esta sempre nos traz.

Mudança nada mais é que crescimento espiritual, financeiro, afetivo e físico. Mude sua vida e ela mudará você, concedendo-lhe as dádivas que nunca pensara sentir, ter e usufruir.

Seja receptivo (a) a qualquer mudança e esta lhe proporcionará uma existência melhor. Toda transformação resulta em aperfeiçoamento, independente se, no primeiro momento, isso parecer impossível.

Mudança. Lembre-se do filme "Sim Senhor", um romance/comédia de 2.008, cujo personagem principal, Carl Allen, perdeu muitas oportunidades por causa da palavra não. A partir de um encontro de autoajuda, ele decidiu mudar e agir mais positivamente a todos os convites e chances que apareciam. Mudou, e sua vida também.

Aprendamos a dizer sim e, poucas vezes, não. Este deve ser pronunciado quando for realmente necessário.

Temos muitos hábitos que nos fazem bem, como: tomar banho diariamente, escovar os dentes, ler bons livros, trabalhar, fazer caridade, entre outros. Portanto, devemos mantê-los, ao contrário dos que produzem consequências negativas. Estudos dizem que levamos, no mínimo, vinte e um dias para mudar um costume.

Modifique o seu jeito se este o (a) está prejudicando.

Uma dica de mudança que você pode adotar e que modificará radicalmente a sua vida para melhor é perdoar sempre e em qualquer circunstância. Ao conseguir, sua vida fluirá para o melhor. O Perdão não bloqueará a parte abstrata que mora no seu corpo; fará a ligação direta com o seu Ser Superior. O seu "Deus" somente ouve e atende quando seu lado espiritual estiver livre de aspectos negativos ocasionados pela ausência de perdão. Tudo está certo como está.

Você pode me dizer:

- Não imagina o que fizeram comigo?

Por isso não importa o que praticam (ram) contra você. Tudo o que acontece – de bom ou ruim - é sua responsabilidade, pois é você quem atrai isso por meio de seus pensamentos. Policie-os, já que tudo o que pensar por mais de quinze segundos atrairá para sua vida. Ao relembrar fatos tristes, pense: Então! O que realmente eu quero? Com esse questionamento, sua viração será positiva. Também é importante saber que as auras se comunicam.

Vou exemplificar essas duas questões: quando ficar triste por pensar que vai perder o emprego e sem dinheiro para os gastos básicos de sua família etc, provavelmente, em sua mente, passarão "mil" filmes de terror. Nessa hora, lembre-se que esse pensamento é negativo; assim, pergunte em voz alta ou apenas pense: "Então! O que realmente quero"? A pergunta agirá como uma mágica, mudando completamente seu pensamento e, consequentemente, suas vibrações serão positivas.

A outra constatação é que as auras se comunicam. Não adianta eu ser carinhosa e compreensiva com minha colega se o fluido que sai de mim é o contrário. Antes de chegar à festa, fico pensando que, talvez, ela vai me receber mal, pois costuma ser chata e insensível. Entretanto, ao encontrá-la, trato-a com cortesia; mesmo assim, suas atitudes são desagradáveis; não demonstra ter afeto ou simpatia por mim. Qual o motivo? O pensamento que tive acerca dela. Então, a responsabilidade é minha. É muito importante pensar positivo, pois isso provoca sentimentos que convulsionam as atitudes, que, por sua vez, levam aos resultados.

Carregamos o pai no ombro direito e a mãe no esquerdo; temos que mudar com eles, perdoando-lhes os erros de coração para que nossa existência aqui na Terra flua de maneira positiva. Os nossos genitores nos deram o que sabiam, como nós a nossos filhos, e estes a nossos netos, assim por diante. Para saber atuar como médico, é preciso cursar medicina; para lecionar, pedagogia; para cuidar dos dentes de alguém, odontologia... mas, para ser pai e mãe, simplesmente ter um relacionamento sexual. Por outro lado, penso ser necessário realizar um curso específico antes de sermos responsáveis pela vida de alguém. Você sabia que o comportamento de uma criança até os sete anos, aproximadamente, é reflexo do que a mãe sente no seu interior? E que, dos sete aos catorze, é o espelho dos sentimentos do pai? Dei a você ainda mais motivos para mudar e viver de maneira feliz. Além de você se sentir bem, alegrará a quem ama.

"Qual a sua responsabilidade na desordem da qual você se queixa"?
Sigmund Schlomo Freud - **Freud** (1856-1939)

Escuta mais e fala menos; temos duas orelhas e uma boca. Por que será?

O silêncio, como o tempo, é um grande juiz. Também há uma expressão popular que diz: "cachorro que ladra não morde". Isso significa que a pessoa barulhenta causa aborrecimentos e nada de útil faz a não ser gritar, ameaçar e perturbar.

O evangelista Mateus, em uma passagem bíblica, relata que os discípulos estavam em um barco junto com Cristo quando teve início uma tormenta. Estavam preocupados com os ventos e não queriam sair do barco. Pedro, confiando em Jesus, que caminhava sobre as águas para salvá-los, foi ao seu encontro, mas, em determinado momento, desviou seu olhar de Cristo e afundou. Com plena fé, pediu socorro, e o Filho de Deus o salvou. (Mateus 14:24).

Preciso deixar de lado as mesmices se quero outros resultados; portanto, devo fazer diferente. Sair da Zona de Conforto, que é a própria uniformidade, a rotina, o tranquilo. Se eu agir sempre da mesma forma, não correr riscos e enfrentar desafios, terei como produto o que sempre tive. Quais as nossas mesmices?

Se eu quero outros resultados, preciso mudar e verei a modificação em minha vida. Toda ação tem uma consequência que aprecio ou que me entristece, se me deixa aflito tenho que mudar minha ação. Vencer o que me impede de ir adiante rumo ao meu desejo.

Golias tinha três metros de altura, e ninguém tinha coragem de enfrentá-lo, pois era um gigante. Davi, embora sua estatura fosse bem menor que a do filisteu, venceu-o com sua fé inabalável, acertando-o com sua atiradeira. A pedra atingiu a testa de Golias, que caiu. Então, Davi o decapitou com sua própria espada. *"Você vem contra mim com espada, com lança e com dardos, mas eu vou contra você em nome do Senhor dos Exércitos, o Deus dos exércitos de Israel, a quem você desafiou. Hoje mesmo o Senhor o entregará nas minhas mãos, eu o matarei e cortarei a sua cabeça. Hoje mesmo darei os cadáveres do exército filisteu às aves do céu e aos animais selvagens, e toda a terra saberá que há Deus em Israel. Todos os que estão aqui saberão que **não é por espada ou por lança que o Senhor concede vitória**; pois a batalha* *é do Senhor, e ele entregará todos vocês em nossas mãos" (Samuel 17:45-47).*

Repiso: o que você foca cresce; o mesmo ocorre quando você bota fermento no pão. Então!!! Pare de olhar o problema, pois este vira literalmente um gigante por você lhe ter dado tanta atenção; foi nisso que o transformou.

Foca as soluções; realize com excelência suas atividades. Se for lixeiro, seja o melhor; se for professor, tenha sensibilidade para entender a realidade de seus discentes e lhes proporcione o conhecimento científico; se for palestrante, faça com que suas palavras sirvam de recurso para a transformação benéfica aos que estiverem dispostos a pular do barco e matar o Golias. Enfim, faça bem feito o que se propuser a realizar; o resto se fortalece.

Vivemos o tempo da Páscoa. Jesus morreu para ressuscitar no terceiro dia. E você, o que precisa mudar para voltar a viver plenamente?

Mate a raiva, a mágoa, a inveja, o mau- humor e volte a apreciar a vida, um grande paraíso que Deus nos concedeu juntamente com o livre- -arbítrio. Assim, podemos fazer nossas escolhas com alegria e ignorar os itens negativos acima expostos. Lembre-se: podemos plantar o que queremos, mas temos a obrigação de colher o que semeamos. Cuide de sua plantação para que sua colheita cuide bem de você. A vida é uma troca. Pense, sinta, faça o melhor que puder e tudo voltará para você. Aguarde!!! Aguarde!!! Aguarde!!!

Lenda da Mudança

Bem distante daqui, num sítio, vivia uma família de coelhos. Todos os dias, eles iam até a horta do vizinho e colhiam cenouras e outros alimentos fresquinhos para o consumo.

Felizes, repetiam os velhos hábitos dos bisavôs, que passaram para os avôs, pais e agora a eles.

Os anos prosseguiram, e a modernidade chegou. A família continuava com os mesmos costumes embora sofrendo com a presença de arapucas e o cercado elétrico que o dono das hortaliças colocou para preservar sua plantação.

Certa vez, o dono fez ensopado de um coelho que pegou na armadilha que implantou. Os demais conseguiram escapar, assim logo continuaram com a velha rotina.

Dizia o pai coelho:

Foi uma fatalidade o que aconteceu com o vosso irmão, mas continuaremos com a nossa rotina, que sempre deu certo. Além disso, cantarolou: sempre deu certo, não se mexe em time que sempre ganhou.

Passado algum tempo, o dono das terras vizinhas reforçou o cercado e as armadilhas para proteger seus produtos. Assim, logo morreram mais dois coelhos; um na cerca elétrica; outro num sistema hipermoderno de metal. Apesar do infortúnio, a família continuou adotando a mesma prática e, da ninhada de doze coelhos, sobrou apenas um.

Tempos depois, o coelho solitário, por descuido, também caiu em uma das armadilhas. Começou a se debater na esperança de que no devido tempo se salvaria. Outro coelho que passava por ali, vendo a situação do companheiro de espécie, parou perto da horta e gritou:

- Saia correndo, a portinha está somente encostada, e a cerca desligada. Não tem luz!

O coelho, teimoso, quando se deu conta já estava dentro de uma panela.

Haveria mais um ensopado de coelho naquela casa.

Às vezes, isso acontece conosco: amparados em nossas bem-sucedidas experiências anteriores, bem como as de nossos antepassados, não percebemos as mudanças e conservamos velhos hábitos por acreditar que continuaremos sendo afortunados.

Com efeito, devemos mudar nossos hábitos sempre que a situação exigir. Na época em que vivemos, nem sempre o que deu certo ontem se repetirá amanhã.

Adapte-se, acompanhe as mudanças e terá mais êxito na vida.

GRATIDÃO

SÓCRATES

Sócrates foi um filósofo ateniense do período clássico da Grécia Antiga. Creditado como um dos fundadores da filosofia ocidental, é, até hoje, uma figura enigmática.

Nascimento: 470 a.C., Atenas <u>Alópece</u>

Falecimento: 399 a.C., Atenas Clássica

"Uma vida não analisada não é digna de ser vivida".

_____ Sócrates

Gratidão é a ação de reconhecimento de uma pessoa por outra que lhe fez algo bom, ou ajudou prestando um favor abstrato (conselho) ou concreto (emprestou dinheiro). Em um sentido maior, pode ser explicada como aprovação pelos presentes que a vida nos concede, como saúde, amizade, trabalho...

Gosto muito de escrever sobre gratidão, pois sinto esta bem presente em minha vida; agradeço a tudo e a todos, acreditando que a vida é como tem que ser. Tudo está certo como está; nem uma folha cai sem a permissão de Deus. Então, eu, simplesmente, agradeço de coração pelo meu dia, minha vida, meus familiares, amigos, pessoas com quem não tenho muita afinidade, pessoas que me fizeram mal... As que foram ruins comigo foi por um motivo maior que eu. Agora não posso entender, quem sabe quando não estarei mais neste Planeta ou, talvez, futuramente, entenderei o porquê de muita coisa. Tenho a crença de que viemos para a Terra numa viagem, sendo esta a nossa Escola onde temos que aprender lições que não fomos capazes de assimilar em outras estadas que aqui estivemos. Nesta, estamos tendo a oportunidade de reparar os erros que cometemos. Se alguém está nos tratando mal, quem sabe na outra vida fomos nós os malvados?

Quando nascemos, para conseguir o que desejamos, reclamamos por meio do choro até que nossa "vontade" seja atendida. É ou não é? Senão vejamos: estou com fome, lamurio, e a comida vem; minha fralda está molhada, choramingo e me trocam, deixando-me seco e confortável; quero colo, lamento, e me aconchegam. E assim vou alcançando meus objetivos à medida que vou crescendo, pois é um hábito adquirido mediante soluços, protestos, lamentos... desse modo vou me desenvolvendo e tendo os pedidos atendidos, pelo costume já adquirido da reclamação.

Penso que, em função disso, há pessoas que reclamam de tudo e de todos. No livro "UM SEGREDO PARA VOCÊ", friso muito o pensamento, pois, estando presente em minha mente mais de quinze segundos, eu o atraio para minha vida; ao que dou atenção, cresce. Então!!! Reclamação acarreta mais circunstâncias, acontecimentos... e mais motivos para reclamar. Aí vemos a importância de cuidar dos nossos pensamentos, pois estes provocam emoções que levam a atitudes; e estas, aos resultados. A vida responde ao que você pensa. Repriso: fermento é um produto químico que faz a massa do pão crescer, que, por sua vez, transforma-se em um gostoso alimento. Assim é o pensamento: influencia significativamente sua vida, pois ele se tornou parte dela.

Com exceção da eletricidade, os iguais se atraem. Pare de reclamar, e, imediatamente, mudanças positivas ocorrerão em sua vida. Sabe qual é o antídoto para a reclamação?

Preparado (a)?

Quer mudar a sua vida para melhor, tendo todas as realizações atendidas em todos os segmentos da sua vida?

Lá vai... o medicamento que neutraliza os efeitos dos males que a reclamação traz é a GRATIDÃO.

Agradeça por tudo o que possui: agradeça assim que abrir os olhos e apreciar as belezas da natureza. Tantas pessoas gostariam de ver o colorido da vida e são cegas. Agradeça à respiração; sem ela, você não viveria mais de dois minutos. Quantas pessoas dariam tudo para viver e não tiveram chance. Agradeça assim que pisar o chão; por ter duas pernas que o (a) levam aonde quiser; lembre-se dos paralíticos. Quando se olhar no espelho, agradeça à pessoa criada à imagem e semelhança de Deus que você é e vê; pergunte o que pode fazer hoje que o(a) deixará mais feliz. Agradeça ao olfato; por meio dele, você está sentindo o cheirinho do café que logo terá oportunidade de beber e, graças ao seu paladar, sentir o seu sabor, prová-lo. Agradeça por ter que sair cedo de casa; sinal que tem um trabalho. Caso não precise, agradeça por ter mais tempo livre e poder usufruir o dia com sua família ou com a (s) pessoa (s) que lhe quer (em) bem.

Se o dia estiver ensolarado, agradeça pelas oportunidades que o amanhecer lhe proporciona: caminhar, plantar flores, andar de bicicleta... Se for chuvoso, agradeça pelo prazer de ficar perto do fogão a lenha, tomar um chá, ler um livro, cozinhar.... Agradeça por chegar ao fim do dia e por tudo que ele lhe proporcionou de bom, bem como pelo nem tão bom. Se você, nesse dia, viveu experiências negativas, pense que elas são oportunidades de crescimento embora disfarçadas. Aprenda a agradecer mais e reclamar menos. Agradeça à noite, ao luar, ao jantar, à refeição, à família que está com você. Comece, aos poucos, a desenvolver essa filosofia de vida. Perca o hábito de reclamar, adquirido desde o berço, e verá como é fácil ser plenamente feliz. Prometo que MARAVILHAS acontecerão em sua vida. Maravilhas acontecerão!!! Aguarde!!! Aguarde!!! Aguarde!!!

No capítulo SONO, cito o recurso que uso para dormir bem: agradecer antes de dormir. Quanto mais gratidão, mais felicidade terá à noite e durante o dia. Reitero a importância do sentir: sinto com o coração; ele está entre o pensar e o fazer. Imagine um baú com a maçaneta trancada. O baú é o pensamento, o ato de abrir e fechar é o fazer. Somente o abrirei se tiver emoção. Então!!! Pensamento +

emoção = fazer ou pensar positivo + sentimentos positivos = desejos realizados.

Vamos viver nossa existência aqui na Terra sendo ricos. Ricos em tudo, porque é isso que merecemos. Exijamos nossa herança. Peçamos tudo de melhor que a vida possa nos dar ao nosso Pai e, como Pai, ele dará. Somos espíritos vivendo uma experiência humana, vivamos na plenitude; é fácil ter esta plenitude.

Agradeçamos, e nossa vida será maravilhosa

"Gratidão por tudo, muda tudo"!

_____ **Andrea Taiyoo**

A Gratidão sempre está certa.

Era o final do primeiro trimestre e estávamos em uma reunião de Conselho de Classe na Escola. As professoras discutiam os motivos que levavam alguns alunos a terem comportamentos não condizentes com as regras da escola.

As competitivas docentes, vivendo diferentes realidades, defendiam a sua verdade. A diretora, desejando apaziguar o ambiente, mandou buscar dois vizinhos cegos de nascença e um pavão.

. Quando os cegos e o pavão chegaram à escola, a gestora solicitou às professoras que observassem o que aconteceria a seguir. Depois, pediu aos cegos que tocassem o pavão e o descrevessem.

O primeiro tocou o rabo do pavão e disse:

– É macio e comprido; parece um espanador.

O segundo tocou-o na cabeça e disse:

– É duro, parece uma pedra.

Cada cego descreveu o pavão de acordo com a parte que estava tocando. Quando terminaram de descrever o animal, a diretora perguntou às professoras:

– Algum deles mentiu?

– Não! – Responderam em coro. Os dois falaram a verdade.

Então, a gestora perguntou:

– E algum deles disse realmente o que é um pavão?

— Não, nem um dos dois nos disse o que é um pavão, mesmo porque cada um tocou apenas uma parte dele.

— Vocês, educadoras, que estão discutindo quem é a dona da verdade, parecem cegas também. Todas estão falando a verdade, mas, como os dois cegos, cada uma se referiu à apenas uma parte dela – disse a sábia dirigente, concluindo:

— Ninguém é dono da verdade, porque cada um a vê de ângulos diferentes.

Tudo está certo como está, o que muda a nossa realidade para melhor é sermos gratos por tudo e a todos. As pessoas têm as suas verdades, mas quanto maior a gratidão, maiores as chances de sucesso.

169

Cada um com suas verdades e todos com as mesmas gratidões. Agradeça a tudo e a todos. SEMPRE.

170

PACIÊNCIA

ALEXANDRE

Alexandre, o Grande ou Alexandre Magno, foi rei do reino grego antigo da Macedônia e um membro da Dinastia Argéada. O jovem príncipe sucedeu a seu pai, o rei Filipe II, no trono, com vinte anos de idade.

Nascimento: 356 a.C., Pela, Grécia

Falecimento: 323 a.C., Babilónia

"Nada é impossível para aquele que persiste". **Alexandre, o Grande**

Alexandre, o Grande

Paciência é o jeito de manter um controle emocional equilibrado, cultivando a calma. Fundamenta-se, essencialmente, na tolerância a erros ou fatos malquistos. É a habilidade de suportar dificuldades em qualquer lugar e tipo.

Paciência também é a qualidade serena que o indivíduo tem ao lidar com as situações, sendo elas ao seu favor ou não. Ela tem mais força que a própria força. Não se a adquire quando se quer, pois é um aprimoramento que se consegue com treinamento.

Então, numa adversidade, conte até trinta, e a janela da Inteligência se abrirá para você, fazendo com que a sua resposta abstrata ou concreta seja mais assertiva. Nunca responda com sentimento de raiva; passado o ímpeto, surgirá o arrependimento por ter agido com instinto animal, que todo ser humano manifesta quando não concede o tempo necessário, contando até trinta, para a inteligência falar. Ao enfrentar um problema, conte e depois fale.

Se você estiver em uma reunião e esperar um minuto a mais para falar, suas palavras serão outras. Tente e verá que é assim mesmo.

Não adianta correr contra a correnteza de um rio; tudo é como tem que ser; tudo está certo como está; deixe a vida fluir e perceberá que tudo se torna fácil e prazeroso.

Achar que as circunstâncias têm que ser do nosso jeito porque acreditamos que é a maneira certa? "Quem disse, Berenice"? O certo depende de muita coisa: do interesse do autor, da necessidade do próximo, da cultura, da realidade em que vive, entre outros.

Assim sendo, largue as armas e viva com fluidez; deixe o outro vencer a discussão. Afinal, o que importa é o bem-estar. Viva e deixa viver.

A grande vilã da paciência é a ansiedade. Há pesquisas que sustentam que o nosso DNA tem 98% de semelhança com o dos chimpanzés; já outras afirmam que a similaridade é menor. Mesmo assim, a analogia é inegável, demonstrando que as emoções estão intrínsecas nos humanos, que podem e devem sentir raiva, medo, tristeza, felicidade; afinal, são sentimentos inerentes às pessoas. O que precisa ser trabalhado corretamente é o modo de agir quando essas emoções florescem. Entre elas, encontra-se a ansiedade.

Estas são duas maneiras de trabalhá-la e espantá-la:

1ª - Respire profundamente, segure, conte até seis e, vagarosamente, solte a respiração. Repita três vezes.

2ª - Identifique a emoção e narre a si mesmo (a) uma história feliz.

Exemplo: Estou triste porque minhas colegas praticaram injustiças comigo, mas sei que tudo está certo como está. O que está acontecendo contribui para o meu crescimento em todos os segmentos: espiritual, físico, financeiro e emocional. Sou capaz, feliz, criativa... e vai acrescentando tudo o que você achar que o (a) favorece. No final, agradeça. Agradeça muito. Obrigada!!! Obrigada!!! Obrigada!!!

Quer prosperidade?

Pense, fale e sinta que você vai prosperar e assim será sua vida: PRÓSPERA. Simples assim.

Certa vez, dois amigos resolveram fundar o AA (Alcóolicos Anônimos). Um deles, ao visitar o que estava em seu leito de morte, perguntou-lhe, angustiado:

- Como conseguirei conduzir sozinho o grupo participante do programa? O que farei?

O amigo moribundo respondeu:

- Faça o simples.

O nosso maior problema é acharmos que, para alcançar os objetivos, a missão, necessariamente, será árdua, complicada difícil e, quanto maior o nosso sonho, mais trabalho nos dará. Bulhufas!!!

Para o Universo, um querer pequeno ou grande é igual; nós é que criamos limites para eles.

- O que não tem remédio remediado está, dizia minha mãe para as coisas que achava não haver solução.

Neste livro, citei os dez remédios para sua vida não ser mais ou menos, mas sim próspera em todos os aspectos, porque é para isso que você nasceu: Alimento; Sobriedade; Autoestima; Resiliência; Amor; Sono; Exercício Físico; Mudança; Gratidão e Paciência.

Pense, respire, reflita e se questione: O que eu disser ou fizer trará transtornos ou soluções? Dependendo da resposta, faça ou não.

Quando ajo por impulso, traio as minhas convicções, pois tenho que elevar a voz para ser ouvida.

A vida é um eco; a "Fábula da Coletividade" confirma isso.

Uma senhora vivia em uma pequena chácara e tinha alguns animais; entre eles, uma vaca, um porco, uma galinha. Ela guardava milho em uma tulha e, nela, morava um rato. Este vivia sossegado até o dia em que a mulher resolveu colocar uma ratoeira dentro do tal depósito de cereais.

Ao perceber isso, o rato, desesperado, correu até a vaca:

179

- Vaca, nós estamos com um problema sério; a mulher colocou uma ratoeira dentro da tulha!

A vaca, rindo, respondeu:

- Como nós? Você já viu ratoeira pegar vaca? Eu não tenho nada com isso. Problema seu! E saiu ruminando.

Então, o rato foi à procura do porco:

- Porco, nós estamos em uma encrenca danada: a mulher colocou uma ratoeira no depósito de milho!

- O que é isso? Estou aqui bem longe; isso não vai me pegar, não. Ratoeira não pega porco; olha o meu tamanho e o seu!

Por fim, o rato, atônito, dirigiu-se à galinha:
- Galinha, nós estamos com um problema muito sério!
- Pelo amor de Deus; eu já estou enfrentando problemas por aqui, e você ainda vem me torturar? O máximo que eu posso fazer é rezar por você, retrucou a ave.
- Mas tem uma ratoeira lá na tulha!
- Isso não é comigo.

O rato foi embora desanimado. À noite, todos dormiam; de repente, splaft!! A ratoeira desarmou. Todos correram para olhar, inclusive o rato. Era uma cascavel que tinha sido pega.

A mulher levantou-se, foi tirar a cobra da ratoeira e levou uma picada. À beira da morte, foi levada ao hospital. Após ficar vinte dias internada, voltou para casa onde continuou a se recuperar.

Qual a melhor comida para reforçar a saúde? Canja. Lá se foi a galinha! Depois de um mês, resolveu dar um almoço com feijão tropeiro aos parentes que a haviam ajudado. Foi a vez de o porco servir de refeição.

A questão é que o tratamento havia sido caro; então, vendeu a vaca ao açougue.

Autor desconhecido

De fato, se a vaca fosse sensível, teria percebido o sofrimento do rato e o ajudado. Então, ela teria realizado uma boa ação para ambos, pois quando auxiliamos alguém, também agimos em benefício próprio. Ao praticarmos o bem, ao mesmo tempo que contribuímos para o bem-estar do (a) necessitado (a), sentimos a mesma sensação, melhorando o nosso sistema imunológico e, consequentemente, a vida.

A vida é o melhor que o meu pensamento permitir. Em outras palavras, o sucesso e/ou fracasso da existência dependem unicamente do pensamento.

Ratifico: Entre a cabeça e as mãos, há o coração. Isto quer dizer que o pensamento aliado à emoção nos leva à realização.

Para saber se continua vivendo no pretérito ou está trilhando o caminho da prosperidade, é só verificar como está sua vida hoje, com quais aspectos está satisfeito (a) e em quais sente a necessidade de melhorar. Exemplo: Estou bem no aspecto financeiro, espiritual e físico; mas sempre me relaciono afetivamente com a pessoa errada. Opa! A mudança deve ocorrer na última seção. Se pensar positivamente sobre isso, terá a oportunidade de viver com plenitude.

Imagino = subconsciente = realidade

Imaginar algo bom ou ruim passa e permanece no subconsciente, pois este não distingue um do outro. Ele age de forma a conseguir o que pensou e o transformará em realidade.

O caminho mais curto para conseguir o que desejo é pensar com emoção; depois é só esperar. O tempo entre o eu desejar e sua concretização depende da emoção que sinto enquanto penso no que quero.

"Paciência e perseverança têm o efeito mágico de fazer as dificuldades desaparecerem e os obstáculos sumirem".

John Quincy Adams

Lenda da Paciência

185

Um dia, uma mãe e seu filho caminhavam à beira de um rio

Comment [U]:

cristalino. Num certo momento, o menino perguntou à progenitora:

- Mamãe! Por que as pessoas da minha escola gritam?

A mãe explicou:

- Sempre, independente do lugar em que o ser humano grita, é porque ele percebe que não está sendo ouvido e, quando isso acontece, é porque os corações se afastaram. Quanto menos paciência as pessoas tiverem, mais gritam, e mais erros ocorrem.

Gritamos porque perdemos a calma.

- Mas, por que gritar quando a outra pessoa está ao seu lado? Questionou novamente o filho.

- É que quanto mais agitados, mais nossos corações se afastam e mais gritamos para sermos ouvidos. Por outro lado, quando as pessoas são pacientes, tornam-se próximas de coração e, consequentemente, falam com serenidade e doçura.

E mãe continuou:

- Minha doce criança, você já observou duas pessoas apaixonadas? Como, por exemplo, seu mano e a namorada? Eles falam baixinho um com o outro. É porque seus corações estão próximos e, às vezes, entendem-se com apenas um olhar.

Por fim, a mãe, pacientemente, aconselhou o filho:

- Meu amor, nunca se esqueça de que a paciência é uma virtude que se conquista no dia a dia. Não deixe seu coração se afastar dos outros com palavras raivosas, porque chegará o dia em que a distância será tanta que não mais encontrará a felicidade adquirida por meio da tranquilidade.

FIM

188

AGRADECIMENTOS

Neste momento, quero expressar meus sinceros agradecimentos àqueles e àquelas que, de uma ou outra maneira, tornaram possível meu sonho de levar alegria a quem se propuser a ler este livro.

Primeiramente, à AMAZON, por acreditar no meu potencial e me conceder a oportunidade de mostrar que os problemas não são um empecilho à nossa felicidade; ao contrário, possibilitam o nosso crescimento humano: físico e espiritual.

Às minhas "extensãozinhas", Stephanie Feldmann Müller e Vanderlei Feldmann Lanzini, por deixarem meus dias com cores mais vibrantes e por me permitirem compreender o verdadeiro significado do amor.

.

Ao amor que sinto pelo meu marido, pois ele traz o meio termo de Aristóteles mais presente em minha vida.

Aos autores com que tive a felicidade de conviver nestes últimos quinze anos de pesquisa e dividir a mesma linha de conhecimento.

|As pessoas "difíceis" que escolhi e pelo tempo de que disponho para entender o porquê e onde tenho que melhorar.

Por fim, sou grata pela oportunidade de, em tempo, "abrir os olhos" e, assim, acreditar e me colocar como intermediária do meu Ser Superior. ESTE,

191

sempre, esteve, está e estará ao meu lado com muito amor e com tudo o que condizer com esse substantivo. Obrigada Padroeira do Brasil!!! Obrigada Divindade!!!

SOBRE A AUTORA

Professora e Diretora há vinte e um anos, especialista em Gestão e Organização Escolar, Simone Fátima Feldmann Lanzini começou, em 2003, a estudar as Leis Espirituais e do Universo e, pela primeira vez, leu um livro de autoajuda. Para ela, foi o elemento impulsionador que a levou a constatar que os problemas não impedem ninguém de ser feliz. Há um ano, seu mundo desabou em função de arbitrariedades de que foi vítima. Inicialmente, o episódio se revelou dramático; mas, passado o primeiro momento, a autora o transformou, pelo conhecimento que já tinha, em seu aliado para alcançar o sucesso.

REFERÊNCIA BIBLIOGRÁFICA

ALVES. Rubem. **A grande arte de ser feliz**. Barcelona: Planeta, 2014.

CHOPRA, Deepak. **Os 7 princípios do sucesso**. Rio de Janeiro: Rocco, 2006.

CORTELLA, Mário. **Qual é a sua obra?** Amazona.com.br, 2007.

CURY, Augusto. **Gestão da emoção**. São Paulo: Saraiva, 2015.

CURY, Augusto. **Você é insubstituível**. São Paulo: Sextante, 2003.

EKER, Harv. **O segredo da mente milionária**. Rio de Janeiro: Sextante, 2010.

KLEIN, Stefan. **A Fórmula da felicidade**. Rio de Janeiro: Sextante, 2002.

196

RHONDA, Byrne. Trilogia: **O Segredo**; **A Magia**; **O Poder**. Rio de Janeiro: Sextante, 2018.

ROSSI, Marcelo (23 de abril de 2014). **"Ágape"**. *Consultado em 23 de abril de 2014*

SHINYASHIKI, Roberto. **O sucesso é ser feliz**. São Paulo: Gente, 1997.

SHINYASHIKI, Roberto. **Tudo ou nada**. São Paulo: Gente, 2006.